RENATE SEIFARTH

# BUDDHA *at home*

RENATE SEIFARTH

# BUDDHA
## *at home*

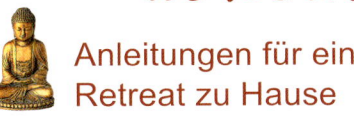

Anleitungen für ein
Retreat zu Hause

*nymphenburger*

Für meine Mutter

 Dem Buch liegt eine Audio-CD bei mit geführten Meditationen, gesprochen von Renate Seifarth.
Aufnahme: Zino Mikorey Mixing & Mastering, Berlin

© 2014 nymphenburger in der
F. A. Herbig Verlagsbuchhandlung GmbH, München.
Alle Rechte vorbehalten.
Umschlaggestaltung: atelier-sanna.com, München
Umschlagmotiv: corbis, Düsseldorf
Satz: Grafikdesign Storch, Ulrike Vohla, Rosenheim
Fotos innen: shutterstock, S. 21 shutterstock/Cyril Hou,
S. 111 shutterstock/Tappasan Phurisamit, S. 136 Markus Aatz
Gesetzt aus 9,5/13 pt. Meta Plus Book
Druck und Binden: Finidr s.r.o.
Printed in the EU
ISBN  978-3-485-02803-5

www.nymphenburger-verlag.de

# Inhalt

EINFÜHRUNG  – 7 –

**1** ANKOMMEN IM HIER UND JETZT  – 17 –
Wir lernen, den Autopiloten auszuschalten und Bewusstheit
zu entwickeln für das, was im Moment geschieht.
*Übung: Ankommen und vertraut werden – Die Atemmeditation im Sitzen*

**2** KLARHEIT ENTWICKELN  – 33 –
Wir kommen in Kontakt mit den momentanen Erfahrungen und versuchen, sie
so zu lassen, wie sie sind – ohne zu werten oder zu urteilen.
*Übung: Körperempfindungen wahrnehmen – Achtsames Essen – Gehmeditation*

**3** EINE LIEBEVOLLE HALTUNG KULTIVIEREN  – 51 –
Wir nehmen unsere innere Haltung zum Leben wahr und lernen, wie wir uns
bewusst für eine liebevolle Ausrichtung entscheiden können.
*Übung: Meditation zur Entwicklung liebevoller Güte*

**4** GEFÜHLE ENTDECKEN  – 67 –
Wir erschließen uns einen Zugang zu unseren Gefühlen und lernen, inmitten
starker Emotionen ein inneres Gleichgewicht zu bewahren.
*Übung: Meditation mit Gefühlen und Geisteszuständen – Meditation der Versöhnung*

**5** DEN GEDANKEN DIE MACHT ENTZIEHEN  *– 87 –*
Wir ergründen die Natur unseres Denkens und entlarven und beenden
destruktive Gedanken.
*Übung: Die Beobachtung des Denkens in der Meditation*

**6** ALLES IST IM WANDEL  *– 101 –*
Wir erkennen die kontinuierliche Veränderung in jedem Augenblick, lernen,
tief in die Angst vor Verlust und Tod zu schauen, und sehen die Chance des
Neubeginns.
*Übung: Meditation mit Wandel als Objekt*

**7** INNERE WEITE  *– 117 –*
Wir überwinden die Trennung von Ich und anderen, lassen einengende
Selbstkonzepte los und erleben die Verbundenheit mit allem.
*Übung: Meditation mit Betrachtung des Ichs – Meditation über die Verflochtenheit
des Lebens – Meditation: Grenzen auflösen*

DANKE  *– 133 –*

LITERATURHINWEISE  *– 134 –*

DIE AUTORIN  *– 136 –*

# EINFÜHRUNG

Wir alle möchten glücklich sein und ein erfülltes Leben führen. Wir wünschen uns Erfolg im Beruf, einen gesunden Körper, liebe Freunde, schöne Urlaube und vieles mehr. Unsere Pläne und unser Tun sind darauf ausgerichtet, diese Ziele zu erreichen. Dabei haben wir schon so viel. Jederzeit können wir uns eine unendliche Vielfalt an Waren kaufen, ständig gibt es neue Unterhaltungsangebote, unsere Kleiderschränke quellen über. Doch all das und selbst eine tolle berufliche Karriere, eine erfüllende Partnerbeziehung und ein langes Leben garantieren uns nicht das Glück, nach dem wir uns sehnen.

Viele Teilnehmerinnen und Teilnehmer meiner Meditationskurse stehen mitten im Leben und manche können auf reichlich Besitz und Erfolg in ihrem Leben blicken. Sie haben sich beruflich verwirklicht, sind materiell gut versorgt und leben in stabilen Beziehungen. Dennoch sind sie auf der Suche. Auf die Frage, warum sie meditieren, höre ich Antworten wie: »Ich möchte gelassener werden«, »Ich suche nach einem Sinn in meinem Leben«, »Das kann doch nicht alles gewesen sein«.

Auch wenn viele äußere Anlässe Glücksgefühle auslösen können – ein solches Glück hält nicht lange an. Wir gewöhnen uns an das neue Smartphone, das tolle Auto oder schicke Shirt. Selbst ein Sprung auf der Karriereleiter steigert unser Lebensgefühl nur für kurze Zeit. Die anfangs aufregende sexuelle Vereinigung mit dem neuen Partner verliert mit der Zeit ihre schillernde Qualität. Schnell gewöhnen wir uns an den Status quo. So fällt uns auch unser gesunder Körper nicht weiter auf. Erst wenn wir krank werden, bemerken wir, wie kostbar unsere Gesundheit ist – um dies kurz nach unserer Genesung wieder zu vergessen. Die Zahnschmerzen verblassen, das Gehen nach dem Beinbruch wird zur Selbstverständlichkeit.

Statt uns an den schönen Dingen zu erfreuen, konzentrieren wir uns auf Unerreichtes und werden doch nicht glücklicher. Ständig eröffnen sich neue Unzulänglichkeiten, die beseitigt werden wollen. Immer größer, schneller, besser, heißt die Devise. Doch auf diese Weise kommen wir nie zur Ruhe. Das tiefe Glück und Erfülltsein, nach dem wir streben, entfernt sich mit jedem Versuch, es zu ergreifen.

Wir machen weiter, bis wir plötzlich aufwachen und bemerken, dass wir uns irgendwie verrannt haben. Auf einmal spüren wir eine innere Leere, die sich durch keine äußeren Gegebenheiten füllen lässt. Wir erkennen, dass es nicht um mehr Quantität gehen kann, denn wir sind schon lange nicht mehr fähig, das Einzelne zu genießen. Uns beschleicht eine Ahnung, dass Glück nur durch eine innere Veränderung erreicht werden kann.

## Wertschätzung entwickeln

Zufriedenheit und Glück entstehen aus einem wertschätzenden inneren Kontakt mit dem Augenblick, den wir gerade erleben.

*Wo sonst kann unser Leben stattfinden als im Hier und Jetzt?*

Im Erleben des Moments werden wir uns der vielen alltäglichen Wunder unseres Lebens bewusst, empfinden tiefe Freude und Dankbarkeit. Doch wir verlieren diesen Kontakt allzu leicht. Wie können wir ihn wiedererlangen?

Der buddhistische Lehrer Anagarika Munindra, der vielen westlichen Schülern die Vipassana-Meditation vermittelt hat, beschrieb seine Motivation zur Meditation einmal so: »Ich meditiere, um die kleinen purpurfarbenen Blümchen zu bemerken, die am Wegrand blühen und die ich sonst wahrscheinlich übersehen würde.«

Es kann durchaus sein, dass wir zufrieden sind mit unserem Leben, unseren Beziehungen und unserem Beruf. Doch plötzlich ereignet sich eine einschneidende Veränderung: Jemand, der uns nahesteht, stirbt oder wir selbst werden mit einer ernsthaften Krankheit konfrontiert. Vielleicht verlieren wir unsere Arbeit und können keine neue finden. Oder wir bekommen einen Vorgesetzten, mit dem wir uns nicht verstehen. Auf solche Veränderungen sind wir nicht vorbereitet. Sie waren in unserem Lebensentwurf nicht vorgesehen. Das Glück verlässt uns oder verwandelt sich in Unglück. Wir erfahren, dass wir unser Leben nicht unter Kontrolle haben. Nicht selten reagieren wir auf schmerzhafte Erfahrungen mit Groll, Ohnmacht, Verbitterung oder anderen schwierigen Gefühlen, die weiteres Unheil nach sich ziehen. Wie können wir mit solchen Erfahrungen umgehen? Gibt es eine Möglichkeit, trotz solcher schwierigen Situationen glücklich zu sein?

Es mag uns zunächst nicht nachvollziehbar sein, aber wir wissen, dass Menschen grundsätzlich in allen Lebenssituationen Glück empfinden können, selbst unter extrem schwierigen Bedingungen. So schreibt die junge Jüdin und Holländerin Etty Hillesum, die von den Nationalsozialisten ermordet wurde, in ihrem Tagebuch: »Wenn man ein inneres Leben hat, spielt es mit Sicherheit keine Rolle, auf welcher Seite des Gefängniszauns man sich befindet. [...] Ich bin schon tausend Mal in Konzentrationslagern gestorben. Das alles kenne ich. Es gibt keine Neuigkeiten, die mich beunruhigen könnten. Auf die eine oder andere Weise weiß ich schon alles. Und dennoch empfinde ich dieses Leben als schön und sinnvoll. In jedem Augenblick.«

## Meditation als Weg zu innerer Veränderung

Dieser Lebenseinstellung liegt eine tiefe innere Weisheit zugrunde, eine Stärke, die nicht jeder von uns in die Wiege gelegt bekommen hat.

Wie können wir eine innere Veränderung herbeiführen, die uns den Moment sehen und schätzen lernen lässt? Wie können wir eine innere Akzeptanz entwickeln für den natürlichen Wandel im Leben und unterscheiden, wann die Zeit des Handelns und wann die Zeit des Geschehenlassens gekommen ist? Wie können wir lernen, auf Erfahrungen mit Gelassenheit zu reagieren, statt von ihnen gebeutelt zu werden? Wie können wir authentisch leben und unserem Leben einen eigenen Sinn geben?

Meditation ist eine mögliche Antwort. Wir lernen, im Moment zu ruhen, und entwickeln einen klaren Blick auf die Erfahrungen, die wir jetzt erleben. Statt auf eine Zukunft zu warten, öffnen wir uns den Erfahrungen, die jetzt stattfinden. Wir entdecken ignorierte Körperempfindungen, abgeschnittene Gefühle, diktierende Gedankenkreisläufe. Wir bemerken, welche Strategien in einer Sackgasse enden und welche zu Glück führen. Wir beginnen, das Leben umfassend und tief zu verstehen und mit ihm in Einklang zu leben. Wir schaffen eine neue Beziehung zu unserem Leben, aus der wir den Sinn schöpfen können, nach dem wir suchen.

*Meditation ist eine Geistesschulung.*

Wir erlernen eine Technik, die wie ein Muskeltraining geistige Kräfte in uns weckt, die wir in unserem Leben anwenden können und die zu tiefen Veränderungen führt. Meditation ist jedoch weitaus mehr als bloßes Herumsitzen und sie hört auch nicht auf, wenn wir uns von unserem Meditationskissen erheben. Wie der große thailändische Meditationsmeister Ajahn Chah einmal anmerkte: »Manche Leute glauben, je länger sie sitzen können, desto weiser müssten sie sein. Ich habe Hühner tagelang auf ihrem Nest sitzen sehen! Weisheit erwächst

durch Achtsamkeit in allen Situationen. Deine Praxis soll beginnen, sobald du morgens aufwachst. Sie soll dauern, bis du einschläfst. Sorge dich nicht, wie lange du sitzen kannst. Wichtig ist nur, dass du achtsam bleibst, ob du arbeitest, sitzt oder zur Toilette gehst.«

## Wie können wir meditieren lernen?

In Asien wird Meditation in Klöstern gelehrt. Im Westen können wir Meditationszentren besuchen, in denen Meditationskurse unterschiedlicher Länge, Stile und buddhistischer Traditionslinien angeboten werden. Sie führen Namen wie Sesshin, Tara- oder Vipassana-Retreat. Daneben gibt es schier unzählige neuzeitliche Angebote, die sich Klangmeditation, dynamische Meditation, Kundalini-Meditation, AUM-Meditation, Meditation surprise, Tanzmeditation oder anders nennen. Die Fülle ist schwer durchschaubar. Ich führe jedes Jahr ungefähr zwanzig Vipassana-Retreats durch. Vipassana bedeutet »klar sehen« und bezeichnet eine Meditationsform, die in Thailand, Myanmar, Kambodscha und Sri Lanka gelehrt wird. Die Retreats erstrecken sich meist über eine Woche, manche sind etwas kürzer, andere länger. Da es vielen Personen nicht möglich ist, an solchen Kursen teilzunehmen, habe ich aus all meinen Erfahrungen einen Leitfaden für ein Retreat zu Hause zusammengestellt. Die einzelnen Schritte spiegeln in ihrem Inhalt und in ihrer Reihenfolge den Aufbau meiner Kurse. Die Abfolge der Themen hat sich über Jahre hinweg herausgeschält und bewährt.

Der Leitfaden ist vor allem für diejenigen gedacht, die ernsthaft meditieren lernen möchten und nicht oder nicht so häufig, wie sie gerne würden, an einem Meditationskurs teilnehmen können. Und natürlich profitieren auch Erfahrene, die ihre Meditation vertiefen und im Alltag verankern möchten, davon.

Sie können sich bewusst eine Auszeit zu Hause gönnen und sich Schritt für Schritt den Kapiteln zuwenden oder die einzelnen Anweisungen über Wochen verteilt in Ihren täglichen Ablauf integrieren. Konkrete Hinweise finden Sie am Ende jedes Kapitels.

Bevor Sie beginnen, möchte ich Sie ermuntern, Meditation nicht als etwas zu betrachten, was Sie auch noch tun müssen, sondern als einen Weg zu sehen, sich für Ihr Leben zu begeistern. Es geht nicht um ein Selbstverbesserungsprogramm, sondern um eine Liebeserklärung an das Leben.

## Aufbau des Buches

Falls Sie keine oder wenig Erfahrung mit Meditation haben, empfehle ich Ihnen, sich beim ersten Durchlesen des Buches an die Reihenfolge der Kapitel zu halten. Später, wenn Sie mit Achtsamkeit und der damit verbundenen inneren und äußeren Haltung vertraut sind, spricht nichts dagegen, zwischen den einzelnen Kapiteln hin und her zu springen.

In den Kapiteln 1 bis 3 wird die Grundlage für unser Erforschen gelegt, für ein entspanntes Dasein und eine direkte, interessierte und wohlwollende Achtsamkeit auf den Körper. Mit dieser Achtsamkeit wenden wir uns in den Kapiteln 4 und 5 unseren Gefühlen, Bewusstseinszuständen und unseren Gedanken zu. Wir lernen, all unsere Erfahrungen mit Achtsamkeit wahrzunehmen und zuzulassen. So können wir beginnen, besser zu verstehen, welche Impulse uns leiten, und uns entscheiden, wie wir im Leben handeln wollen.

In den letzten beiden Kapiteln setzen wir uns mit grundlegenden Bedingungen des Lebens auseinander. Unsere Erfahrungen und Erkenntnisse werden mit der Zeit Entscheidungen, Prioritäten und gar Reaktionen verändern. Sie werden von größerer Offenheit, Gelassenheit und Leichtigkeit im Herzen getragen sein.

# Zeitlicher Ablauf

Ein Retreat beinhaltet immer mehrere Aspekte. Wichtig ist zum einen die Wissensvermittlung, zum anderen die formale Praxis. Neben den Hintergrundinformationen enthält jedes Kapitel Anleitungen für eine Meditationspraxis. Um die Themen, Schwierigkeiten und Entwicklungen zu verdeutlichen, stelle ich zahlreiche Beispiele aus meiner eigenen Praxis und der meiner Teilnehmer und Teilnehmerinnen dar. Selbstverständlich habe ich alle Namen und situativen Beschreibungen, die auf ihre Identität schließen lassen würden, verändert.

## Integriert in den Alltag

Wählen Sie für die formale Meditationspraxis einen Zeitpunkt, zu dem Sie sich ungestört zurückziehen können. Wie viel Sie üben, bestimmen allein Sie. Schön wäre es, wenn Ihnen dies für fünfzehn bis dreißig Minuten am Tag gelingen würde, aber es darf auch kürzer oder länger sein. Machen Sie sich keinen Druck. Lesen Sie sich die Meditationsanleitung durch und versuchen Sie sodann, das umzusetzen, woran Sie sich erinnern. Auf der im Buch enthaltenen CD finden Sie mehrere geführte Meditationen, die Sie begleitend hören können und die Sie auch längerfristig auf Ihrem Weg unterstützen. Es

lohnt sich, ab und zu einen halben oder ganzen Tag für eine intensivere Auseinandersetzung mit einem der Kapitel zu reservieren.

## Es gibt keine »falschen« Erfahrungen.

Es gibt auch keine Noten für Ihre Meditation. Bewerten Sie nicht, was Sie erfahren oder wie gut Sie meditieren können. Sie müssen niemandem etwas beweisen. Am Ende der Meditation lassen Sie die Erfahrung genau so, wie sie war, ein wenig auf sich wirken. Falls Sie sich unsicher sind, ob Sie alles richtig gemacht haben, bemerken Sie diese Verunsicherung.
Es ist hilfreich, die Meditationsanleitungen wiederholt zu lesen. Es kann sein, dass Ihnen etwas auffällt, was Sie überlesen oder vergessen haben. Achten Sie dieses Mal darauf. Mit der Zeit werden Sie vertraut mit dem Ablauf.
Ich werde oft gefragt, wann man meditieren soll. Es gibt keinen allgemein richtigen Zeitpunkt für die Meditation. Sie werden jedoch feststellen, dass es für Sie einen Unterschied macht, wann Sie meditieren. Achten Sie darauf, möglichst einen Zeitpunkt zu wählen, an dem Sie sich einigermaßen wach fühlen, und quetschen Sie die Meditation nicht

zwischen zwei Tätigkeiten, sodass Sie unter Druck geraten. Manche meditieren morgens nach dem Aufstehen, andere, wenn sie von der Arbeit nach Hause kommen.

Routine hilft, eine Tätigkeit zu etablieren. Wie der Kaffee, den wir am Morgen nicht nur trinken, um wach zu werden, sondern der zum alltäglichen Ritual gehört, mit dem wir den Tag beginnen, so kann die tägliche Meditation zu einem festen Bestandteil unseres Tages werden. Ein über achtzigjähriger Freund sagt dazu: »Die Meditation gehört für mich einfach dazu. Ohne sie verläuft mein Tag anders. Ich fühle mich weniger verbunden mit mir selbst und anderen.«

In jedem Kapitel finden Sie Anregungen, wie Sie das Thema im Alltag weiter vertiefen können. Dazu gehört auch der Impuls. Dabei handelt es sich um einen kurzen Satz, den Sie sich einprägen oder aufschreiben können. Er soll Sie durch den Tag begleiten und an die aktuelle Auseinandersetzung erinnern. Gleiches gilt für andere Sätze im Buch, die Sie bewegen. Sie können sich diese notieren, bei sich tragen und ab und zu einen Blick darauf werfen. Vielleicht lassen Sie das Buch aufgeschlagen an einem Ort liegen, an dem Sie es immer wieder sehen und so an das Thema erinnert werden. All das soll Ihnen helfen, sich an die Themen, Fragen und Übungen zu erinnern.

Sie werden feststellen, dass die Übungen an sich einfach sind, die Schwierigkeit besteht darin, inmitten der Fülle des Alltags daran zu denken.

Viele sorgen sich sehr darum, ob sie richtig meditieren. Dahinter steckt häufig eine erstickende Angst vor Fehlern, die ein interessiertes Erproben und Experimentieren nicht zulässt. Doch gerade durch Ausprobieren und die natürlich folgenden Resultate können wir lernen und herausfinden, was für uns stimmt und was nicht. Eine solche Herangehensweise bringt Freude und Leichtigkeit im Umgang mit jeder Tätigkeit mit sich und trägt zur Entwicklung eines gesunden Selbstbewusstseins bei.

## Retreat zu Hause

Wenn Sie den Wunsch und die Möglichkeit haben, sich für ein paar Tage allein zu Hause zurückzuziehen, können Sie ein Selbstretreat durchführen.

*Bleiben Sie in liebevollem und wohlwollendem Kontakt mit sich selbst.*

Nehmen Sie sich nicht zu viel vor. Meditationsanfängern rate ich, mit einem Tag zu beginnen. Die Dauer können Sie langsam steigern, wenn Sie sich psychisch stabil und wohl fühlen. Personen mit einer schweren psychotischen Vorgeschichte, insbesondere bei Schizophrenie, Wahnerkrankungen oder einer starken Tendenz zur Dissoziaton, rate ich im Allgemeinen von derartigen Unterfangen ab. Gehen Sie nicht über maximal sieben Tage hinaus. Sieben Tage Retreat ohne eine Begleitung durch einen erfahrenen Meditationslehrer ist bereits eine lange Zeit. Beginnen Sie mit den ersten Kapiteln und erweitern Sie Ihre Praxis schrittweise. Wenn Sie jedoch merken, dass Sie einem Thema mehr Zeit widmen möchten, gönnen Sie sich diese Zeit.

# EIN TAGESABLAUF KÖNNTE BEISPIELSWEISE SO AUSSEHEN:

6.45 Aufstehen
7.00 Leichte Dehnübungen oder Yoga
7.30 Sitzmeditation (45 Minuten)
8.15 Frühstück mit Zubereitung und Abwasch
9.30 Lesen eines Kapitels
10.00 Sitzmeditation evtl. mit CD (45 Minuten)
10.45 Gehmeditation (45 Minuten)
11.30 Sitzmeditation (45 Minuten)
12.15 Gehmeditation (45 Minuten)
12.45 Mittagessen mit Zubereitung und Abwasch, danach Ruhen, Spazierengehen etc.

15.30 Sitzmeditation evtl. mit CD (45 Minuten)
16.15 Gehmeditation (45 Minuten)
17.00 Sitzmeditation (45 Minuten)
17.45 Leichte Körperübungen
18.15 Abendessen mit Zubereitung und Abwasch, danach Ruhen
20.15 Vortrag hören oder Lesen verwandter Inhalte (siehe Literaturhinweise)
21.00 Gehmeditation (15 Minuten)
21.15 Sitzmeditation (30 Minuten)
21.45 Nachtruhe

Dieser Tagesplan entspricht in etwa einem Retreattag meiner Kurse. Überfordern Sie sich nicht. Passen Sie die Länge der einzelnen Perioden Ihrer eigenen Befindlichkeit und Gegebenheiten an. Achten Sie auf einen ausgewogenen Wechsel zwischen stillem Sitzen und Bewegung. Hetzen Sie nicht bei den Essensperioden, weder beim Zubereiten noch beim Verzehr der Mahlzeiten. Lediglich bei der Länge Ihrer Lese- und Studierzeiten ist zu bedenken, dass eine ausgedehnte intellektuelle Beschäftigung das empirische Erleben in der Meditation einschränken kann.

## Was wir als Resultat erwarten können

Wir tun nichts ohne ein Ziel vor Augen, ohne eine Erwartung an unser Tun. Natürlich hängt das Ergebnis unserer Praxis von uns selbst ab, davon, wie viel Zeit wir aufwenden, wie viel Interesse wir entwickeln, von den Bedingungen, in denen wir uns befinden. Es gibt Resultate, die möglich sind, und es gibt unrealistische Erwartungen. Völlig unmöglich ist, dass wir aufgrund unserer Meditation keinen Unannehmlichkeiten im Leben mehr begegnen. Aber wir können darauf hoffen, mit der Zeit von der Hektik des Alltags nicht so mitgerissen zu werden, unangenehmen Situationen mit mehr Gelassenheit zu begegnen und Freundschaft mit uns selbst zu schließen. So entsteht Raum für eine interessierte, authentische und mitfühlende Begegnung mit unserem Leben, die uns Zugang verschafft zu einem Glück, das aus unserem tiefsten inneren Herzen strömt und unzerstörbar ist.

# 1
# ANKOMMEN
## im Hier und Jetzt

Wir lernen, den Autopiloten
auszuschalten und Bewusstheit
zu entwickeln für das, was im
Moment geschieht.

*Eine alte Geschichte erzählt von zwei Mönchen, denen zu Ohren kommt, am Ende der Welt existiere ein Ort, an dem sich Himmel und Erde berühren. Sie beschließen, diesen Ort zu suchen. Gemeinsam durchstreifen sie die ganze Welt, von Westen nach Osten, von Norden nach Süden. Unzählige Gefahren müssen sie überstehen und wunderschönen, verführerischen Frauen widerstehen, um ihr Ziel nicht aus den Augen zu verlieren. Unbeirrt suchen sie nach der Tür, an der man nur anzuklopfen brauche und direkt vor Gott stünde.*

*Nach langer Zeit treffen sie schließlich auf eine solche Tür. Bangen Herzens schauen sie sich gegenseitig an, öffnen sie, erheben vorsichtig ihre Augen – und finden sich jeweils in ihrer eigenen Klosterzelle wieder, dort, wo ihre Reise begann.*

Betrachten wir unser Leben und stellen fest, dass wir nicht glücklich sind, drängt sich manchmal die Vorstellung auf, wir müssten alles stehen und liegen lassen, vielleicht die bestehende Partnerschaft verlassen, den Job kündigen oder uns auf eine Weltreise begeben. Doch wie die Geschichte zeigt, können wir dort beginnen, wo wir bereits sind, statt lange an anderen Orten nach unserem Glück zu suchen. Wir brauchen nicht nach Asien in buddhistische Klöster gehen, wir brauchen nicht unsere Arbeit niederlegen, wir brauchen nicht unsere Familie verlassen, um Ruhe, Klarheit und Frieden zu finden. Wir können unser Leben verändern, uns selbst verändern und gleichzeitig ein normales weltliches Leben führen, das erfüllt von Liebe, Mitgefühl und Weisheit ist. Wir können in unserem Herzen ankommen.

## Der erste Schritt: Ankommen im Hier und Jetzt

Der erste Schritt dahin besteht darin zu lernen, in diesem Moment, an diesem Ort anzukommen, wo wir uns befinden.

Hektik, Stress und Zeitnot bestimmen den Alltag von so vielen Menschen heutzutage, dass dieses Ankommen schwieriger ist, als man zunächst glaubt. In Gedanken rasen wir oft dem jetzigen Augenblick voraus, während wir die eine Aufgabe noch erledigen, planen wir bereits die nächste. Im Arbeitsleben werden wir mit ständig steigenden Erwartungen und immer komplexeren Zusammenhängen konfrontiert, die wir in all ihren Einzelheiten längst nicht mehr verstehen. Multitasking ist gefragt, Quantität zählt häufig mehr als Qualität. »Schneller, besser, effizienter«, lautet die Devise. Dies gilt nicht selten auch für unser Privatleben. Ob Mann oder Frau, wir schlüpfen während eines Tages in zig verschiedene Rollen, die wir perfekt ausfüllen sollen.

Die hohen Anforderungen und die große Zeitnot, mit denen wir uns konfrontiert sehen, führen zu einer zunehmenden Entfremdung von uns selbst und unserer Umgebung. Wir hetzen umher und wissen nicht recht, wo wir eigentlich sind, geschweige denn, was wir fühlen oder wollen. Die meisten von uns sind nicht mehr in Kontakt mit sich selbst und ihrer Umgebung – und sind sich dessen meist auch gar nicht bewusst.

## Einen Ort des Seins schaffen

Wie wäre es, endlich einmal anzuhalten und wahrzunehmen, wo wir uns gerade befinden? Uns klar zu werden darüber, wohin wir streben und ob dieses Ziel eigentlich wirklich den Sinn unseres Lebens verkörpert?

Um zu einer solchen Klarheit zu finden, brauchen wir als Erstes einen geschützten Ort, wo wir zur Ruhe kommen, innehalten und unsere Aufmerksamkeit nach innen richten können. Einen Platz, an dem wir uns hinsetzen und sein können, ohne etwas tun oder leisten zu müssen, wo wir einfach nur das wahrzunehmen brauchen, was vor sich geht.

Ein Meditationsplatz ist ein solcher Ort.

> Hier müssen wir nichts leisten, sondern dürfen so sein, wie wir sind.

Es ist ein Ort, an dem wir in uns ankommen, uns wieder spüren und wahrnehmen lernen. Hier dürfen wir uns entspannen, in Ruhe verweilen und brauchen keinerlei Anforderungen genügen. Es darf einfach sein, was ist.

Nichts Besonderes muss geschehen, während wir sitzen, denn alles, was geschieht, ist bereits besonders. Wir entdecken das Leben. Und dieses Leben ist etwas ganz Außerordentliches. Wir müssen es nur wieder wahrnehmen. Menschen wie der Fußballspieler Fabrice Muamba, der knapp dem Tod entging, finden oft leichter zu einer solchen Haltung. Er rät heute nach seinem vorübergehenden Herzstillstand: »In der einen Minute kannst du noch Fußball spielen, in der nächsten Minute nicht mehr. Du solltest also jeden Augenblick zu schätzen wissen und jeden Moment genießen, den du mit deinen Liebsten verbringen darfst. Denn du weißt nie, was hinter der nächsten Ecke auf dich wartet.«

Ohne eine derartig eindrückliche eigene Erfahrung ist es schwer, in einem solchen Bewusstsein zu bleiben. Wir neigen zum Vergessen gegen unseren Willen.

**"**In einem Meditationskurs berichtet Katherina, wie selten sie im Alltag bei sich bleiben kann, obwohl sie sich aufrichtig bemüht. Ständig verliert sie sich im Außen und weiß nicht, was sie spürt oder fühlt.**"**

Vielen geht es ähnlich. Die Kraft des Vergessens ist groß.

## Meinen Ort finden und gestalten

Wir brauchen einen Ankerpunkt, einen Zeitpunkt, einen Ort, wo wir zurück zu uns selbst finden, an dem wir daran erinnert werden, bewusst da zu sein, für uns und unser Leben, einen Ort des Seins. Wie können wir uns einen solchen Ort des Seins schaffen? In einer größeren Wohnung können wir einen Platz, möglichst abgelegen von Aktivitätszentren wie Küche und Fernseher, wählen und uns dort einen permanenten Sitzplatz einrichten, an den wir uns jederzeit zurückziehen können. Manche wählen eine Ecke im Schlafzimmer, das Gästezimmer oder reservieren gar einen eigenen Raum für ihre Meditationspraxis. In einer kleineren Wohnung mag es notwendig sein, die benötigten Gegenstände immer wieder wegzuräumen. Dennoch können wir etwas platzieren, ein Bild oder ein Symbol, das uns daran erinnert, dass hier unser Platz der Ruhe und des Seins ist. Diesen Ort richten wir uns so ein, dass wir uns wohlfühlen. Die Gegenstände sollen das Herz erfreuen und eine wohltuende Atmosphäre schaffen.

*Hier können wir aufatmen und entspannen.*

Viele stellen eine Buddha-Statue auf. Es gibt friedlich versonnen dasitzende Gestalten oder lachend fröhliche. Falls wir keine Buddha-Figur möchten, können wir auch ein Bild, eine Blume oder Kerze wählen. Was immer eine friedvolle Atmosphäre schafft, die uns zum Hinsetzen und Dasein einlädt, ist willkommen und sinnvoll.

Figuren oder Bilder können eine große Wirkung auf uns haben. Ein Vorarbeiter berichtete, dass er früher zu wütenden Ausbrüchen neigte, vor allem, wenn seinen Mitarbeitern Fehler unterliefen. Eines Tages schenkte ihm jemand eine dieser schallend lachenden dickbäuchigen Buddha-Figuren. Obwohl er kein Buddhist war, entspannte sich etwas in ihm, wann immer er die fröhliche Gestalt betrachtete. Die schwierigen Gespräche

begannen sehr viel ruhiger und für alle konstruktiver zu verlaufen, worüber er sehr erleichtert war.

An diesem Ort hat alles Platz, was uns an die Absichten und inneren Werte erinnert, die wir entwickeln wollen, auch Symbole anderer Glaubensrichtungen. Wir müssen unseren bisherigen Glauben nicht ablegen, wenn wir meditieren oder uns mit der buddhistischen Lehre auseinandersetzen.

## Der Meditationsplatz

An einem solchen Ort wollen wir gerne verweilen. Es ist ein Ort, an dem wir in uns gehen, uns liebevoll den Erfahrungen zuwenden und bemerken lernen, was in uns vorgeht. Zunächst gilt es einfach, mit diesem Ort vertraut zu werden und eine Art und Weise des Sitzens zu finden, in der wir uns entspannen können, ohne schläfrig zu werden und ohne uns zu quälen.

Viele bevorzugen eine Sitzposition auf dem Boden in einer Haltung mit gekreuzten Beinen. Die Erdnähe vermittelt große Stabilität, sodass wir uns innerlich ganz fallen lassen können. Für diese Sitzposition lohnt sich die Anschaffung eines Meditationskissens. Es gibt hohe, niedrige, weiche, harte Kissen, die mit verschiedenen Materialien gefüllt sind. Welches sich eignet, lässt sich letztendlich nur durch eigenes Ausprobieren herausfinden. Setzen Sie sich auf das Kissen, ziehen Sie die Knie zu sich heran, lassen Sie diese links und rechts auseinanderfallen, bis die Knie den Boden berühren. Falls die Knie in der Luft hängen bleiben, füllen Sie den Zwischenraum mit Kissen. Die Unterschenkel liegen am Ende flach nebeneinander, nicht übereinander, auf dem Boden. Durch den Kontakt von Gesäß, Unterschenkel und Knie mit dem Boden bildet sich ein stabiles Dreieck.

Andere meditieren gerne auf einem Meditationsbänkchen. Hierbei handelt es sich um niedrige Schemel, deren Sitzfläche eine leichte Neigung nach vorn aufweisen. Es wird eine kniende Position eingenommen, weswegen eine gut gepolsterte Unterlage auf dem Boden von Vorteil ist. Die Unterschenkel werden unter dem Bänkchen nach hinten durchgestreckt. Die Bänkchen lassen sich in unterschiedlicher Höhe und Neigung mit oder ohne Polsterung erwerben. Manche lassen sich zusammenklappen, wodurch der Transport erleichtert wird. Leider klappen sie auch manchmal versehentlich im Moment des Sich-Hinsetzens zusammen. Im Prinzip sollten Sie darauf achten, dass Sie sich auf dem Kissen oder Bänkchen relativ stabil und sicher fühlen. Die letzte und durchaus akzeptable Sitzposition ist die auf einem Stuhl. Der Stuhl braucht eine für uns geeignete Höhe und die Sitzfläche sollte eben oder leicht nach vorn geneigt sein. Letzteres lässt sich durch ein Keilkissen leicht erreichen. Durch die Neigung kippt das Becken leicht nach vorn und entlastet den unteren Rücken bei der Aufrichtung. Es gilt eine Sitzvariante zu wählen, die ein entspanntes aufrechtes Sitzen ohne große Kraftanstrengung über eine längere Zeit hinweg ermöglicht.

# ANKOMMEN UND VERTRAUT WERDEN

Wir haben unseren Ort eingerichtet, uns eine Sitzmöglichkeit geschaffen, jetzt geht es daran, an diesem Ort und bei uns selbst anzukommen. Dazu setzen Sie sich einfach ein paar Momente hin und spüren nach, was Sie erleben:

- ☺ Wie fühlt sich das Sitzen an?
- ☺ Welche Düfte riechen Sie?
- ☺ Welche Geräusche hören Sie?
- ☺ Es dürfen durchaus Geräusche zu hören sein, aber jetzt gehen Sie nicht auf sie ein, springen nicht wieder auf, wenn das Telefon klingelt. Nehmen Sie sich Zeit anzukommen und nehmen Sie wahr, wie es Ihnen an diesem Ort geht.
- ☺ Vielleicht bleiben Sie fünf Minuten lang sitzen. Diese fünf Minuten gehören Ihnen. Verbringen Sie diese Zeit damit, einfach hier zu sein. Vielleicht schließen Sie die Augen, vielleicht lassen Sie sie offen, ohne etwas Bestimmtes zu fokussieren, oder Sie betrachten die Statue, das Bild, die brennende Kerze, was immer auf Ihrem Altar steht.
- ☺ Während dieser fünf Minuten gibt es nichts zu tun, nur da sitzen, sich entspannen und mit der Umgebung vertraut werden, so, wie sie ist. Das reicht.
- ☺ Fühlen Sie sich wohl hier? Wenn nicht, was möchten Sie verändern, sodass Sie gerne hier sind?

## Sich im Hier und Jetzt verankern

Nachdem wir uns einen Meditationsplatz eingerichtet haben, an dem wir uns wohlfühlen und zurückziehen können, wollen wir als Nächstes lernen, im Hier und Jetzt anzukommen und in diesem Sein zu verweilen.

Wir beginnen mit einer formalen Meditation und wählen den Atem als Objekt.

## DIE ATEMMEDITATION IM SITZEN

Für die Meditation nehmen Sie sich möglichst fünfzehn bis dreißig Minuten Zeit, während der Sie nicht aufstehen. Vergessen Sie dabei aber nicht Ihren gesunden Menschenverstand. Falls der Geruch von Verbranntem aufsteigt, könnte es sein, dass der Herd angeschaltet blieb. Selbstverständlich dürfen Sie das überprüfen. Klingelt jedoch nur das Telefon, vertrauen Sie darauf, dass die Person noch einmal anrufen oder eine Nachricht auf dem Anrufbeantworter hinterlassen wird.

◉ Setzen Sie sich möglichst aufrecht hin, schließen Sie die Augen und versuchen Sie, sich so weit wie möglich zu entspannen.

◉ Nehmen Sie ganz bewusst zwei bis drei tiefe Atemzüge, lassen Sie sich mit jedem Ausatmen etwas mehr auf das Kissen oder den Stuhl sinken und entspannen Sie absichtsvoll Stirn, Augen und Kiefer.

◉ Mit jedem Atemzug machen Sie sich bewusst, wo Sie sind, und kommen auf diese Weise in diesem Moment, an diesem Ort wirklich an.

◉ Angekommen, horchen Sie in Ihren Körper hinein und versuchen zu ergründen, welche Empfindungen Ihr Atmen im Körper hervorruft.

An der Nasenöffnung spüren Sie vielleicht ein leichtes Strömen, Kitzeln, Streicheln, während die Luft vorbeifließt, im Brust- und Bauchraum ein Dehnen, Spannen, Reiben, das mit dem Ein- und Ausatmen zu- und abnimmt.

- Bleiben Sie mit Ihrer Wahrnehmung bei diesen Empfindungen, so gut Sie können. Jeder Atemzug ist etwas anders. Einer ist lang oder kurz, tief oder flach, langsam oder schnell. Bemerken Sie jeden Atemzug, ohne ihn irgendwie zu beeinflussen.

- Lassen Sie das Atmen zu, ohne etwas damit zu tun.

- Wenn Sie nach kurzer Zeit plötzlich bemerken, dass Sie mit etwas anderem beschäftigt sind, registrieren Sie kurz, worum es sich gehandelt hat, lösen sich davon und kehren zurück zum Atem.

- Zwischendurch können Sie überprüfen, ob Stirn, Augen und Kiefer wieder angespannt sind, und lassen die Spannung erneut so weit wie möglich los.

- Bleiben Sie ohne Druck beim Atem, wenden Sie sich ihm immer wieder mit Sanftheit und Interesse zu und lassen Sie Ihre Aufmerksamkeit in den entstehenden Körperempfindungen ruhen.

- Wie ist der Atem jetzt?

- Welche Empfindungen spüren Sie bei diesem Einatmen oder diesem Ausatmen?

- Gibt es Pausen zwischen dem Ein- und Ausatmen?

- Verlieren Sie den Kontakt während des Ausatmens oder während des Einatmens oder in den Zeiten dazwischen?

- Vielleicht benennen Sie die Erfahrung still im Geist mit Begriffen wie: »ein – aus«, »flach – tief«, »schnell – langsam«, um Ihre Aufmerksamkeit darin zu unterstützen, beim Atmen zu bleiben, bis Sie ohne solche Worte dabeibleiben können.

- Am Ende der Meditation spüren Sie einen Moment nach, wie es Ihnen jetzt geht. Vielleicht sind Sie etwas ruhiger geworden oder schlaffer oder wacher. Nehmen Sie dies wahr, ohne es zu bewerten.

- Reflektieren Sie einen Moment über das, was Sie gerade erlebt haben.

# Die Zerstreutheit

Der Geist gleitet schnell immer wieder von der Erfahrung des Atmens ab und verliert sich in anderen Themen. Dies ist ein entscheidender Moment. Wenn wir es bemerken, können wir uns darüber ärgern, dass wir nicht in der Lage sind, die Aufgabe zu erfüllen, oder wir können uns über das Wieder-Gewahrwerden freuen und den qualitativen Unterschied bemerken, den Achtsamkeit in unser Leben bringt, wie viel lebendiger wir uns dadurch fühlen.

---

**⁹⁹Beatrice** meditiert zum ersten Mal in ihrem Leben. Danach berichtet sie, dass ihr Geist fortwährend wandert. Einen Moment lang spürt sie die Empfindungen, wie sich ihr Rumpf durch den Rhythmus der Atmung ausdehnt und wieder zusammenzieht und schwupp, denkt sie plötzlich darüber nach, dass sie noch den Elektriker wegen der kaputten Klingelanlage anrufen müsste. Sie wendet sich wieder ihrem Atem zu, um zehn Minuten später verblüfft zu entdecken, dass sie den größten Teil der vergangenen Zeit mit der Planung ihres Einkaufes verbracht hat. Wieder wendet sie sich dem Atem zu, aber das Spiel setzt sich fort. Vor der Meditation hatte sie geglaubt, ihren Geist gut im Griff zu haben. Das Gegenteil stellt sich heraus.**⁶⁶**

---

Statt die Zerstreutheit persönlich zu nehmen und uns zu verurteilen, können wir unsere ersten Erkenntnisse über den menschlichen Geist verbuchen: Ständig verliert er die Aufmerksamkeit und unzählige Eindrücke strömen währenddessen auf ihn ein, mit denen er sich unbewusst beschäftigt. Unbemerkt flattert der Geist von einer Erfahrung zur nächsten, setzt sich einen Moment mit einem gestrigen Ereignis auseinander, eilt unvermittelt zum bevorstehenden Treffen in einer Stunde, ärgert sich einen Augenblick lang über den verrutschten Pullover, fragt sich, was es heute zu essen gibt, bis er wieder den jetzigen Moment bemerkt.

---

### Die Zerstreutheit des Geistes fällt selten auf.

---

In unserem Alltag können wir vielen Tätigkeiten automatisch nachgehen. So können wir Auto fahren und nebenbei ein Gespräch führen. Wir greifen zum Telefonhörer, während wir einen Stapel Blätter sortieren. Wir spülen Geschirr und

planen gleichzeitig, was wir heute Abend zum Konzert anziehen.

Die Ausflüge des Geistes fallen im Alltag erst auf, wenn sie ungewöhnlich lang sind. Dann sprechen wir davon, dass jemand nicht ganz bei der Sache ist. Fehlt eine Aufgabe, der wir mit hoher Aufmerksamkeit nachgehen müssen, oder ein starker Reiz, können wir uns stundenlang in Gedanken verlieren. Erst wenn wir uns zur Meditation hinsetzen und nichts Besonderes zu tun ist, außer den Atem wahrzunehmen, bemerken wir diese Eigenart des Geistes.

## Konsequenzen des zerstreuten Geistes

Die Angewohnheit des Geistes, nicht ganz präsent zu sein, ist so vertraut, dass sie uns nicht absonderlich erscheint. Dabei hat dieses geistige Verhalten immense Auswirkungen auf unser Leben. Die Zerstreutheit führt dazu, dass wir außer Atem geraten, gedankenlos Tätigkeiten ausführen, weder verbunden mit uns selbst noch mit unserer Umgebung sind und leicht manipuliert werden können.

Die Zerstreutheit unseres Geistes ist mitverantwortlich für die Hektik und den Stress, den wir tagtäglich erleben. Statt den Moment wahrzunehmen, eilen wir innerlich einen Augenblick voraus in

Erwartung oder Befürchtung dessen, was kommen mag. Während wir etwas tun, denken wir an all die noch zu erledigenden Aufgaben. Die erdrückende Last der Zukunft nimmt uns die Freude an dem, was gerade ist.

Ist die Zerstreutheit sehr stark ausgeprägt, können wir nicht bei der Sache bleiben, unterbrechen unsere Arbeit, finden Ausreden, warum wir jetzt unbedingt etwas anderes tun müssen. Wir führen unsere Aufgaben nicht zu Ende und verstärken unsere Unruhe und Rastlosigkeit.

Aufgrund der Zerstreutheit fühlen wir uns auch so wenig lebendig. Wenn das Bewusstsein für den Moment fehlt, fließen wir dahin in Routine, ein Erleben findet nicht statt. Wir verlieren die Verbindung zu unserem Körper, unserem Geist und unserer Umgebung.

Sobald wir wieder wissen, was gerade geschieht, sind wir in Kontakt mit dem Hier und Jetzt.

Wir sind in Kontakt
mit unserem Leben.

In den unbewussten Ausflügen des Geistes können sich leicht Sorgen und andere Gefühle ausbreiten. Unbemerkt beschäftigt sich der zerstreute Geist mit verschiedenen Eindrücken, entwickelt Gedanken und Gefühle, übernimmt absichtslos Ideen und Überzeugungen anderer, die, solange sie unerkannt bleiben, uns vor sich hertreiben. Larry Rosenberg vergleicht in seinem Buch »Mit jedem Atemzug« den zerstreuten Geist mit einem Hund, der jedem geworfenen Ast hinterherjagt. Ohne Achtsamkeit folgen wir blind unbewussten Gedanken und Impulsen. Der Gedanke an eine Tasse Kaffee taucht unbemerkt auf und schon sind wir unterwegs, um uns eine zu holen.

❞Ein Teilnehmer berichtet, dass er sich ständig beim Kühlschrank wiederfindet, wenn er einen Artikel ausarbeiten muss, obwohl er gar nicht hungrig ist. Erst die genaue Wahrnehmung der Situation, Gefühle und Gedanken enthüllt die Unruhe und Sorgen, die eigentlich dahinter standen.❝

Die mangelnde Aufmerksamkeit und die unbewussten Interpretationen des Moments trüben unsere Wahrnehmung. Ein zerstreuter Geist wird daher mit einer flackernden Kerze verglichen. Im flackernden Kerzenlicht erscheint die Umgebung ungenau, diffus und ist schwer erkennbar.

Außerdem fehlt es einem zerstreuten Geist an Kraft, Standfestigkeit und Durchhaltevermögen, die wir brauchen, um den alltäglichen Herausforderungen mit Gleichmut und Weisheit begegnen zu können.

---

*„Manfred bemerkt nach seinem ersten Tag im Meditationsretreat zunächst nur, wie selten er bei sich ist. Er ist entsetzt und entmutigt, weil er es nicht länger als zwei Sekunden schafft und sich selten daran erinnert, präsent zu sein. Doch nach ein paar Tagen der Übung bemerkt er eine deutliche Entlastung, ein Runterkommen von der Hektik des Alltags, ein Ruhigerwerden.“*

---

## Die Vorzüge von Konzentration

Das Springen der Aufmerksamkeit kostet viel geistige Kraft. Diese vergeudete Energie können wir durch das Sammeln des Geistes zurückgewinnen. Konzentration entsteht immer, wenn wir uns auf eine Sache ausrichten und nicht ablenken lassen. In Situationen, in denen genügend Druck besteht, etwas sehr packend oder gefährlich ist, geschieht dies fast von selbst. Doch ein solcher Geist steht unter großer Spannung, im Hintergrund herrschen Gefühle wie Angst, Wut, Besessenheit. Wird das Ziel nicht erreicht, entstehen Enttäuschung, Frustration und andere leidvolle Zustände. Eine solche Konzentration verbraucht sehr viel Energie.

Wir streben ein ruhevolles Im-Moment-Verweilen an. Es ist nicht gefärbt von Obsession oder Aggression, sondern wird getragen von Interesse, Freude und Wohlwollen. Eine solche Konzentration schont und bündelt unsere Energien. Es handelt sich um eine geschmeidige, offene Sammlung, die den Boden bildet für großen Gleichmut, Standfestigkeit und Geduld und welche die Arbeit der Achtsamkeit unterstützt.

Aus diesem Grund wählen wir für die Übung den Atem. Die Empfindungen, die im Körper durch das Atmen entstehen, sind weder besonders aufregend noch störend. Daher entstehen im Geist weder Widerstände gegen ihn noch ein ausgeprägtes Verlangen nach ihm. Der Geist kann ein ruhevolles Sich-Zuwenden erlernen und zu einer ruhevollen Klarheit und Stetigkeit finden. Er kann gelassen ruhen und die Empfindungen kommen und gehen lassen, ohne etwas tun zu müssen.

### Impuls

*»Hier bin ich.«*

## Während des Tages

Die Übung des Ankommens im Moment, an dem Ort, an dem wir uns gerade befinden und wo wir uns zentrieren, wollen wir mitnehmen in den Tag. Es geht darum, sich immer wieder bewusst zu werden, was gerade geschieht, ob wir stehen, liegen, gehen oder sitzen. In dem Augenblick, in dem wir das wissen, kommen wir an, können uns einlassen und bewusst entspannen.

Ich möchte Ihnen hierfür ein paar Möglichkeiten skizzieren.

❨ Sie sitzen im Auto und warten vor der Ampel. Sobald Sie das bemerken, machen Sie sich bewusst, dass Sie im Auto sitzen. Nutzen Sie den Moment, um sich zu entspannen, lassen Sie sich ein wenig tiefer in den Autositz sinken, verlängern Sie leicht Ihr Ausatmen und spüren Sie die Empfindungen im Körper.

❨ Sie stehen an der Kasse im Geschäft und warten darauf, dass es endlich vorwärtsgeht. Statt zu drängeln, was nur den Unmut der anderen auf sich zieht, registrieren Sie einfach, dass Sie gerade im Laden stehen. Flüstern Sie sich leise im Geist zu: »Hier bin ich«, und entspannen Sie sich in diesen Moment hinein.

❨ Eine weitere Gelegenheit sind kurze Wege, die Sie täglich tun, zum Beispiel wenn Sie zum Briefkasten gehen. Nehmen Sie bewusst die Schritte dahin wahr, ohne daran zu denken, welche Briefe Sie erwarten. Gehen Sie einfach nur und entspannen Sie sich mit jedem Schritt, so als würden Sie einen Strand entlangschlendern.

❨ Am Abend können Sie im Bett das Liegen wahrnehmen und sich dem ganz hingeben, Ihr Liegen und Ihren Atem spüren.

Es geht darum, sich immer wieder bewusst zu werden, wo wir sind, in welcher Position wir uns befinden und uns in der Situation, so gut es gerade geht, zu entspannen. Viele kurze Momente lang reichen schon aus, um etwas mehr im Leben anzukommen, Hektik herauszunehmen und weniger stark von den Ereignissen fortgerissen zu werden. Der Tag scheint so länger und voller zu werden.

Das Schwierigste an der Übung ist das Sich-daran-Erinnern. Wie können wir uns dabei helfen? Wie können wir aussteigen aus dem Autopiloten?

Beginnen Sie am besten an einem Tag, an dem Sie ein wenig Zeit haben und Dinge tun können, auf die Sie sich freuen, wie in Ruhe einen Kaffee trinken, einen Spazier-

gang machen, ein Mittagsschläfchen einlegen etc. Unterstützend wirken können Klingeltöne, die stündlich auf dem Handy oder der Uhr programmierbar sind, bunte Klebepünktchen an verschiedenen Stellen des Haushalts oder andere ungewöhnliche Zeichen, über die Sie während des Tages stolpern und die Sie an Ihren Vorsatz erinnern. Für Smartphones gibt es eine kostenlose Achtsamkeits-App im Internet. Sie können Ihrer Fantasie freien Lauf lassen und spielerisch immer wieder neue Erinnerungswerkzeuge entwickeln.

## Für das Retreat zu Hause

Bevor Sie mit Ihrem Selbst-Retreat zu Hause beginnen, möchte einiges organisiert werden. Fällt Ihnen noch etwas Wichtiges ein, was erledigt werden möchte und nicht warten kann? Haben Sie ausreichend Lebensmittel eingekauft, wissen Freunde Bescheid, dass Sie ein paar Tage nicht erreichbar sind, sind das Telefon und der Anrufbeantworter leise gestellt? Sie können Ihre Bücher zuhängen, Ihren Schreibtisch mit einem schönen Überwurf verdecken und sich auf diese Weise eine Atmosphäre schaffen, in der Sie möglichst wenig von vertrauten Aktivitäten abgelenkt werden. Als Ergänzung zu Ihrer Meditationspraxis können Sie Vorträge hören oder einzelne Kapitel in vorher ausgesuchten Büchern lesen, die vor Retreatbeginn besorgt werden wollen. Quellenhinweise hierzu finden Sie im Anhang.

Entwerfen Sie sich einen Tagesplan und werden Sie zunächst mit der Situation und den Abläufen vertraut. Überlegen Sie, welcher Ort sich für die Sitz- und Gehmeditation eignet, wie lang die Meditationseinheiten sein sollen, wie viel Zeit für die Zubereitung der Mahlzeiten und anderer Arbeitsabläufe benötigt wird. Fassen Sie den festen Entschluss, auf andere Aktivitäten zu verzichten für den Fall, dass Ihnen während des Retreats etwas Versäumtes einfällt, ein unbeantworteter Telefonanruf etwa, oder Sie feststellen, dass die Wohnung schon lange nicht mehr gründlich geputzt wurde oder Sie seit ewigen Zeiten Ihren Schrank ausmisten wollen. All das gilt es trotz vorhandener Zeit zu lassen. Wenn Sie wollen, können Sie die wichtig erscheinenden Dinge kurz für hinterher notieren. Folgen Sie stattdessen einer sehr einfachen Tagesstruktur, die im Wesentlichen aus Meditation besteht. Beginnen Sie mit eher kürzeren Praxiseinheiten. Wenn sie Ihnen zu kurz erscheinen und Sie sich wohlfühlen, können Sie diese später ausdehnen.

Anfangs kann große Müdigkeit auftreten. Gönnen Sie sich genügend Ruhephasen, entspannen Sie sich, gehen Sie mindestens einmal am Tag länger an die frische Luft.

# 2
# KLARHEIT
## *entwickeln*

Wir kommen in Kontakt mit den momentanen
Erfahrungen und versuchen, sie so zu lassen,
wie sie sind – ohne zu werten oder zu urteilen.

In seinem Buch »Awakening the Buddha Within« erzählt Lama Surya Das, wie eines Tages sein Retreatlehrer Lama Nyoshul Khenpo Rinpoche folgende Erinnerung an die Tür schrieb, die nach draußen führte:

*»Achtsamkeit ist die Wurzel des Erwachens.*
*Achtsamkeit ist der Stab, an den der Geist sich lehnen kann.*
*Achtsamkeit ist der Freund der Weisheit.*
*Ohne Achtsamkeit wird man von unheilsamen inneren Geisteszuständen überwältigt.*
*Ohne Achtsamkeit wird man von Trägheit bezwungen.*
*Durch mangelnde Achtsamkeit entstehen alle unheilsamen Handlungen.*
*Mit mangelnder Achtsamkeit lässt sich nichts erreichen.*
*Ohne Achtsamkeit zu sein bedeutet, wie ein lebloser Leichnam umherzuwandeln.*
*Freunde, ich bitte Euch, nehmt Achtsamkeit als Grundlage.«*

Nachdem wir uns im vorherigen Kapitel darin geübt haben, dort anzukommen, wo wir gerade sind, uns zu entspannen und einfach da zu sein, wollen wir nun genauer hinschauen und erkennen, was sich in unserem Leben, hier und jetzt, ereignet. Wir beginnen mit unserem Körper. Wir nehmen wahr, wie er sich in verschiedenen Positionen und Situationen anfühlt, welche Empfindungen wir in den einzelnen Körperregionen spüren, was wir ertasten, sehen, riechen, schmecken und hören.

Dieses bloße Wahrnehmen und Wissen um eine bestimmte Erfahrung, noch bevor wir etwas mit ihr tun, sie interpretieren oder manipulieren, wird Achtsamkeit genannt. Der große thailändische Meditationsmeister Ajahn Chah vergleicht in seinem Buch »A Still Forest Pool« den achtsamen Geist mit der Klarheit eines stillen Gewässers. Darin heißt es: »Sei achtsam und lass den Dingen ihren natürlichen Lauf. Dann wird dein Geist still in jeder Umgebung, wie ein klarer Teich im Wald. Allerlei wundersame und seltene Tiere werden zum Trinken an den See kommen und alles wird klar erkennbar sein.«

Mit einem klaren Geist können wir die Situation, in der wir uns befinden, besser verstehen. Wir sind in Kontakt mit der Erfahrung, wissen, welche Impulse in uns aufsteigen, und können entscheiden, welchen wir folgen möchten und welchen nicht.

Achtsamkeit ist die Grundlage weiser Entscheidungen.

## Ohne Achtsamkeit sind wir halb lebendig

99Beatrice war überzeugt davon, immer zu wissen, was sie tut, und gut mit ihren Erfahrungen in Kontakt zu sein, bis sie sich zum ersten Mal zur Meditation hinsetzte und entdeckte, wie häufig sie mit Dingen beschäftigt war, ohne sich darüber im Klaren zu sein. Sie griff sich zwischendurch an die Nase, rutschte auf dem Kissen ein wenig nach links, dachte über den Ablauf des weiteren Abends nach und bemerkte all dies erst im Nachhinein, als ihr auffiel, dass sie den Atem längst vergessen hatte.

Gleiches entdeckte sie, als sie versuchte, achtsam durch den Tag zu gehen. Statt zu spüren, wie sich die Bettdecken anfühlten, die sie morgens nach dem Aufstehen glatt strich, dachte sie schon an das Frühstück. Vom Kaffee nahm sie den ersten Schluck wahr, um gleich darauf über das Telefonat nachzudenken, das sie anschließend führen wollte.

Am Abend fiel ihr auf, dass sie im Nachhinein vieles benennen konnte, was sie getan hatte, aber selten im Moment präsent gewesen war und daher kaum konkrete Einzelheiten über die einzelnen Aktivitäten berichten konnte.66

Wir können gut ohne Achtsamkeit, das heißt ohne direkten Kontakt mit der momentanen Erfahrung durch den Tag gehen. Die Umgebung und die Abläufe sind derart vertraut, dass wir sie automatisch erledigen und währenddessen quasi im Halbschlaf funktionieren. Wir leben dann ein Stück entfernt von der Umgebung und nehmen sie durch die Brille vergangener Erfahrungen und bereits vorhandener Meinungen und Konzepte wahr. Die jetzige Erfahrung vermischt sich unbemerkt mit vergangenen, die ihr ähneln. Bei der Betrachtung des Atems speichert sich in der Erinnerung ab, wie sich ein Atemzug anfühlt. Dem nächsten tritt diese Erinnerung entgegen. Kleine Veränderungen werden übersehen. Aus diesem Grund bemerken wir nicht, dass der Atemzug jetzt etwas weiter unten im Bauch eine dehnende Empfindung auslöst. Wir bemerken auch nicht, dass unsere Partnerin beim Friseur war, Kummer hat oder sich in jemand anderen verliebt hat. Wir bemerken nicht den besonderen Geschmack des Apfels, den wir essen. Wir sind nicht wirklich in Kontakt mit den Erfahrungen, nehmen sie nur partiell und ungenau wahr. Wir sind quasi halb bewusst.

Wollen wir wahrnehmen, was sich jetzt tatsächlich ereignet, dann müssen wir mit der momentanen Erfahrung in Kontakt gehen.

Die Eigenart unseres Geistes, bekannte Erfahrungen nur halb bewusst wahrzunehmen, lässt sich neurobiologisch erklären. In jedem Moment strömen unzählige Eindrücke auf unseren Geist ein, die blitzschnell mit Gedächtnisbeständen abgeglichen werden. Dies ermöglicht eine Orientierung. Scheint eine Erfahrung einer vorherigen zu ähneln, so wird sie weitgehend ausgeblendet, um Ressourcen für Neues, Unvorhergesehenes oder Bedrohliches zu sparen. Befinden wir uns dagegen in ungewohnten oder bedrohlichen Situationen, ist der Geist von selbst viel wacher und aufmerksamer und infolgedessen wird der Moment bewusster und intensiver erlebt. Dies zeigt zum Beispiel auch die psychologische und neurowissenschaftliche Grundlagenforschung von Jon Kabat-Zinn zu Achtsamkeit.

### Achtsamkeit ist der Schlüssel.

Mittels Achtsamkeit wird der Kontakt zu bekannten Erfahrungen bewusst wiederhergestellt, wodurch das Gefühl der Lebendigkeit selbst inmitten routinehafter Abläufe geweckt wird.

## Achtsamkeit ist bewusstes Erleben

Achtsamkeit stellt den Kontakt mit dem Moment und seinen Erfahrungen ständig neu her. Es ist ein bewusstes Erleben dessen, was ist, ohne diese Erfahrungen in irgendeiner Weise zu verändern oder zu bewerten.

Als Nächstes wollen wir in der Meditation die geistige Fähigkeit der Achtsamkeit über den Atem hinaus auf andere Körpererfahrungen ausdehnen und stabilisieren.

## KÖRPEREMPFINDUNGEN WAHRNEHMEN

Setzen Sie sich bequem und aufrecht hin, entspannen Sie sich, kommen Sie bewusst an diesem Ort an und nehmen Sie Kontakt mit dem Atem auf, zu dem Sie immer wieder zurückkehren, bis Sie etwas ruhiger geworden sind.
Dann beginnen Sie, den einzelnen Atemzug und die entstehenden Körperempfindungen genauer zu betrachten.

- Spüren Sie in Ihren Körper hinein und erkunden Sie, wo der Atem Empfindungen hervorruft, im Bauch, in der Brustgegend oder an der Nasenspitze. Bleiben Sie an einem dieser Orte mit Ihrer Aufmerksamkeit und betrachten Sie die kleinen Unterschiede von Atemzug zu Atemzug.
- Wie fühlt es sich an zu Beginn des Einatmens, wie in der Mitte, wie am Ende des Einatmens?
- Gibt es eine kleine Pause zwischen den Atemzügen?
- Was spüren Sie in dieser Pause?
- Wenn andere Körpererfahrungen sich aufdrängen, lassen Sie den Atem

in den Hintergrund treten und wenden sich ganz ihnen zu. Spüren Sie ein Kribbeln, Pochen, Drücken oder etwas anderes? Falls die Empfindungen schmerzhaft sind, überprüfen Sie, ob Sie diese Empfindungen dennoch für ein paar Momente zulassen können, ohne sie in irgendeiner Weise abzulehnen. Gelingt dies nicht, dann verändern Sie die Position. Tun Sie dies langsam, bewusst und bemerken Sie währenddessen alle entstehenden Körperempfindungen.

- Falls sich keine anderen Körperempfindungen aufdrängen, erweitern Sie absichtlich die Achtsamkeit, spüren Sie in den ganzen Körper hinein und lassen Sie sich überraschen, welche Empfindungen Ihnen auffallen.

- Zur Unterstützung können Sie still im Geist flüstern: »Da ist ein Körper.« Der Satz rückt den Körper mit all seinen Empfindungen in den Mittelpunkt der Achtsamkeit. Vielleicht bemerken Sie ein Ziehen im Rücken oder ein Stechen im Knie, ein Jucken an der Hand, Kälte oder Wärme. Manchmal fühlt sich der Körper eng und schwer an, manchmal weit und leicht. Bemerken Sie einfach, was ist.

- Falls irgendwann Geräusche auftreten und sie Ihnen auffallen, werden Sie sich bewusst, dass Sie hören. Öffnen Sie sich den Tönen, ohne zu analysieren, was Sie hören. Wenn die Geräusche wieder verschwinden, kehren Sie zurück zum Atmen oder anderen Körperempfindungen.

- Sie können Ihre Erfahrungen ab und an leise im Geist begleiten. Wählen Sie hierbei Wörter, die Ihre Erfahrung möglichst direkt beschreiben, wie Dehnen, Ziehen, Hören, anstelle von Atem, Schmerz, Auto.

- Ebenso können Sie sich Gerüchen, Anblicken und Geschmackserfahrungen öffnen, wenn sie sich ereignen, aber wahrscheinlicher ist, dass solche Erfahrungen im Kontext anderer Situationen auftreten.

- Wahrscheinlich werden Sie sich zwischendrin weiterhin in verschiedenen Gedanken verlieren. Seien Sie geduldig mit sich selbst. Freuen Sie sich über die Momente des Aufwachens und wenden Sie sich dann Ihren Körperempfindungen zu.

- Reflektieren Sie am Ende der Meditation kurz über die unterschiedliche Qualität in Ihrem Erleben, die ein achtsames Sein mit sich bringt.

# Achtsamkeit spiegelt die Wirklichkeit

99Manfred erzählt, wie schwierig er es findet, die Erfahrungen einfach wahrzunehmen, wie sie sind. Er kann relativ häufig achtsam sein, aber er stellt fest, dass ihn die ziehenden Empfindungen in seinem Rücken stören. Er hofft, sie durch Achtsamkeit zu lösen. Das gelingt aber nicht, im Gegenteil, sie werden im Laufe der Meditation stärker. Er meint, er setze die Anleitungen nicht gut genug um. Siegrun hingegen hat keinerlei Schmerzen im Körper. Sie wird in ihrer ersten Meditation sehr schnell ruhig und kann mehrere Atemzüge hintereinander achtsam wahrnehmen. Diese Ruhe findet sie wunderschön. Leider gelingt ihr dies beim nächsten Mal nicht, worüber sie enttäuscht ist.66

Vom Standpunkt der Achtsamkeit aus ist an keiner dieser Erfahrungen etwas auszusetzen. Achtsamkeit offenbart, was in jedem Moment erfahren wird, ohne die Erfahrung zu bewerten oder zu korrigieren. Sie wirkt gewissermaßen wie ein Spiegel. Wenn wir vor einen Spiegel treten, zeigt er, ob wir einen roten oder einen blauen Pullover tragen. Wir sehen seine Farbe, ob grob gestrickt oder fein. Der Spiegel verändert nichts an seinem Objekt.

Gleichermaßen spiegelt Achtsamkeit das augenblickliche Erleben wider. Sie lässt die Erfahrungen so stehen, wie sie sind. Wenn der Atem lang ist, ist er lang, wenn der Atem kurz ist, ist er kurz. Wenn ein Ziehen auftritt, tritt ein Ziehen auf, wenn Ruhe eintritt, tritt Ruhe ein, wenn Unruhe aufkommt, kommt Unruhe auf.

> Das achtsame Wahrnehmen beurteilt nichts.

Es bewertet nichts und verändert nichts. Jeder Kommentar über eine Erfahrung wird als eine neue eigenständige Erfahrung wahrgenommen und, für den Moment, einfach fallen gelassen.

# Bedingungslose Akzeptanz

Fallen Kommentare, Wertungen, Manipulationen weg, so hat das augenblickliche Konsequenzen.

> ❞Nachdem Manfred seine ziehenden Empfindungen im Rücken akzeptiert hat, beginnen sie, ihn weniger zu stören.
> Siegrun stellt eine größere Gelassenheit fest, nachdem sie die Ruhe nicht länger als Erfolg und die Unruhe als Misserfolg ansieht.❝

Eine Achtsamkeit, die alles annehmen kann, führt zu Entspannung und ruft inneren Frieden in diesem Moment hervor.

Achtsamkeit kann tatsächlich alles, was ist, ohne jegliche Einschränkung akzeptieren, genau so, wie es ist, ganz gleich, welche Meinung wir darüber haben.

In der Praxis fällt es nicht leicht, eine solche Haltung aufrechtzuhalten. Fast unmittelbar reagieren wir auf angenehme oder unangenehme Erfahrungen mit einer Form von Haben-Wollen oder Nicht-Haben-Wollen. Wir essen ein köstliches Gericht und fragen nach dem Rezept, wir hören laute schrille Geräusche und möchten sie abstellen. Eine zerknitterte Bluse muss gebügelt, das Ziehen im Rücken durch Dehnen gelindert, die Unruhe abgestellt werden. Selbst den Atem einfach stehen zu lassen, wie er ist, fällt vielen erstaunlich schwer.

Natürlich spricht nichts dagegen, unangenehme Erfahrungen zu beseitigen und angenehme Erfahrungen zu suchen, wenn dies möglich ist. Doch unsere Einflussnahme hat Grenzen. Die fehlende Akzeptanz verhindert, dass wir zur Ruhe kommen und einen klaren Blick auf die jeweilige Situation haben.

> ❞Erich berichtet, dass er es nicht schafft, den Atem sein zu lassen, wie er ist. Sobald er ihn achtsam betrachten möchte, kontrolliert er seinen Atem, obwohl ihm die unnötige Anstrengung bewusst ist.❝

Der Hang, Erfahrungen zu kontrollieren, ist stark. Durch unser Reagieren fallen wir ständig aus dem inneren Gleichgewicht.

Achtsamkeit nimmt alle Erfahrungen unbeeindruckt wahr, wie ein Spiegel. Achtsamkeit hat keine Präferenzen. Normalerweise wenden wir uns dem zu, was wir mögen, und von dem ab, was wir nicht mögen. Wir schauen besonders gerne weg, wenn uns eine Erfahrung peinlich ist.

Achtsamkeit erhellt alles, was sich zeigt.

Wie die Sonne nicht auswählt, worauf sie scheint, zensiert Achtsamkeit nicht unsere Erfahrung.

Bei chronischen starken Schmerzen macht es keinen Sinn, mit der Achtsamkeit über längere Zeit bei diesen Empfindungen zu sein. Wahrscheinlich stellen wir fest, dass sie durch die Konzentration stärker und nicht schwächer werden. Die Auseinandersetzung mit stark unangenehmen Erfahrungen erschöpft schnell die mentale Kraft des Geistes. Ein bloßes achtsames Wahrnehmen ist dann nicht länger möglich. Entscheidend ist hier vielmehr, zu einer grundsätzlichen Akzeptanz unserer körperlichen Einschränkung zu finden, aus der heraus wir von Situation zu Situation weise entscheiden, was wir uns gerade zumuten, wie wir für uns sorgen können. Die Schmerzen werden immer wieder auftauchen und Thema sein. Dann bemerken wir sie kurz, achten auf die innere Reaktion, gibt es innere Abwehr, Enttäuschung oder kann ich sie akzeptieren, und lenken dann die Achtsamkeit gezielt woandershin.

Auch Veränderungen lässt Achtsamkeit ohne Eingreifen zu. Achtsamkeit wird

41

in den buddhistischen Schriften mit der offenen Weite des Himmels verglichen, in dem alles erscheinen kann. Dementsprechend ist Achtsamkeit flexibel und kann sich jederzeit mühelos auf neue Erfahrungen einstellen, ohne sich irgendwie anstrengen zu müssen.

Eine achtsame Wahrnehmung erfordert anfangs eine gewisse Anstrengung, die darin besteht, die Aufmerksamkeit immer wieder in Kontakt mit dem Erleben an sich zu bringen und sich von Reaktionen und Zerstreutheit zu lösen. Mit ein wenig Übung fällt dies im Laufe der Zeit leichter.

**Achtsamsein selbst ist eine mühelose Aktivität.**

Mit der Achtsamkeit taucht spontan ein Wissen um die Erfahrung auf. Wir schauen in den Spiegel und nehmen wahr, was wir sehen. Wir brauchen nichts weiter damit zu tun. Dadurch erhalten wir einen klareren Blick auf die Erfahrungen.

Neben den Erfahrungen auf der körperlichen Ebene trifft dies auch auf die geistigen Prozesse – Gefühle, Gedanken und Reaktionen – zu, die wir später mit einschließen werden. Hier geht es zunächst einmal darum, den Augenblick bewusst zu erfassen, wie er sich zeigt. Das ist die Basis aller weisen Entscheidungen. Wenn wir wissen, welche Impulse unsere Handlungen leiten, können wir unser Leben aktiv gestalten, statt unbewussten Gewohnheiten zu folgen.

## Achtsamkeit ist direkt und unmittelbar

In der Meditation betrachten wir deshalb die direkten Auswirkungen des Atems im Körper. Wir stellen uns den Atem nicht vor. In dem Sinne ist Achtsamkeit direkt und unmittelbar. Gewöhnlich entstehen im Anschluss an die unmittelbare Wahrnehmung einer Erfahrung Interpretationen, Ansichten und Meinungen. Sie überdecken leicht die eigentliche Erfahrung. Wenn wir hören, hören wir nicht nur, sondern wir hören den »Nachbarn, der laut das Gartentor schließt«. Wie wir darauf reagieren, dürfte sich unterscheiden, je nachdem, wie unser Verhältnis zu dem Nachbarn ist. Handelt es sich um den »netten Nachbarn«, verzeihen wir ihm die Ungeschicklichkeit, ist er der »unhöfliche Nachbar«, so bestätigt der Vorfall unsere Meinung über ihn. Wenn wir sehen, sehen wir nicht nur etwas, sondern wir sehen »eine Rose, die mit der Farbe unserer Tischdecke harmoniert«. Wenn wir spüren, spüren wir nicht nur, sondern wir spüren »das Knie, das nicht mehr so funktioniert, wie ich es gerne hätte«. Achtsamkeit unterscheidet einerseits das Hören, Sehen, Spüren selbst und andererseits die Gedanken darüber.

---

*Wir brauchen keine Worte, um etwas zu erfahren.*

---

Wenn wir unsere Erfahrungen genau betrachten, erkennen wir, dass Worte und Konzepte uns immer ein Stück von den Erfahrungen trennen. Sie sind nicht die Erfahrung. Eine Erfahrung und unsere Meinung über sie können Welten voneinander entfernt sein.

---

**„**Eine eindrückliche Erfahrung machte ich diesbezüglich vor vielen Jahren beim Trekken in Nepal. Ich wusste, dass die Einheimischen kein Toilettenpapier benutzen, sondern sich mit ihrer eigenen Hand und Wasser reinigen. Die Vorstellung fand ich abstoßend und ekelerregend. Also stopfte ich so viel Toilettenpapier in meinen Rucksack wie nur irgend möglich. Aber das Volumen war begrenzt und so kam nach einer Woche der Moment, wo ich mir selbst in der gebräuchlichen Art den Hintern putzen musste. Zu meinem großen Erstaunen bestand die Erfahrung aus »warm«, »schmierig« und »braun«. Der befürchtete Geruch war verschwindend gering und verschwand nach dem Waschen meiner Hände. Ich war erstaunt und hatte fortan keine Schwierigkeiten damit.**„**

---

Die Unmittelbarkeit der Achtsamkeit kann uns einen neuen Zugang zu unseren Erfahrungen vermitteln. Wir kommen wieder in Kontakt mit dem, was wirklich geschieht.

In der nächsten Übung werden wir dies anhand der alltäglichen Erfahrung des Essens kennenlernen.

## Achtsames Essen

Bezeichnungen und Konzepte sind notwendig, um uns gegenseitig zu verständigen und uns zurechtzufinden. Doch gleichzeitig können sie uns ein Stück weit von der erlebten Realität entfernen. Achtsamkeit stellt den direkten Kontakt wieder her. Wir können das Konzept, das auf Erinnerung beruht, überprüfen und das Bekannte neu entdecken. Wir bemerken das Besondere im Alltäglichen. Essen ist eine wunderbare Gelegenheit, dem nachzugehen.

Nehmen Sie sich ein Stück Obst, vielleicht einen Apfel. Bevor Sie hineinbeißen, spüren Sie, wie er sich in Ihrer Hand anfühlt, wie schwer er ist, wie seine Oberfläche beschaffen ist. Schauen Sie ihn sich genau an, seine Oberfläche, seine Farbe, seine Flecken, schneiden Sie ihn durch und kauen Sie ein Stück. Um den Apfel zu sehen, zu riechen und zu schmecken, brauchen Sie nicht zu wissen, dass das, was Sie essen, Apfel genannt wird. Die Erfahrungen entstehen unmittelbar von selbst: süß, sauer, saftig, knackig, hart, weich, pelzig, warm, kalt ...

In einem Vortrag hörte ich von einem Jungen, der auf die Frage, welche Farbe Äpfel hätten, antwortete: »Weiß.« Der Lehrer stutzte und erwiderte, das sei falsch. Äpfel seien rot oder gelb oder grün, aber niemals weiß. Der Junge beharrte darauf, sie seien weiß, und begründete seine Aussage mit dem Hinweis, dass ein Apfel vor allem weiß erscheine, wenn man ihn

durchschneide. Mir wäre es gegangen wie dem Lehrer, aber der Junge hatte tatsächlich recht, mehrheitlich ist ein Apfel tatsächlich weiß.

Die Möglichkeit, neue Perspektiven einzunehmen, geht uns ohne Achtsamkeit verloren, weil wir uns den bekannten Erfahrungen nicht wirklich zuwenden. Stattdessen sind wir schnell wieder in Gedanken darüber verloren, wie gut Äpfel für unsere Gesundheit sind, wie viel sie gerade im Laden kosten, dass diese Sorte uns wirklich am besten schmeckt oder dass es nur ein Apfel ist.

## Gehmeditation

Etwas ganz Alltägliches, dem wir häufig wenig Aufmerksamkeit schenken, ist das Gehen selbst. Es lohnt sich, dem Prozess täglich ein paar Minuten zu schenken oder ab und an statt Sitzmeditation Gehmeditation zu üben.

Für die Gehmeditation suchen Sie sich einen Ort, an dem Sie ungestört vor den Blicken nicht Eingeweihter bis zu dreißig Meter auf und ab gehen können. Das kann der Flur in Ihrer Wohnung, eine abgelegene Ecke im Garten oder in der freien Natur sein.

Die Gehmeditation steht der Sitzmeditation gleichwertig gegenüber. Sie können alle Anleitungen, die für eine Sitzmeditation gegeben werden, auf die Gehme-

# GEHMEDITATION

**Bleiben Sie einen Moment lang stehen, entspannen Sie sich, kommen Sie an und lassen Sie Ihre Aufmerksamkeit in Ihre Beine und Füße sinken.**

- Beginnen Sie langsam in einem Schlenderschritttempo zu gehen. Während dessen nehmen Sie wahr, welche Empfindungen in Ihren Beinen und Füßen auftreten.
- Versuchen Sie, wirklich nur bei dem Schritt zu sein, den Sie jetzt gerade machen.
- Natürlich geschieht das Gleiche wie in der Sitzmeditation. Sie verlieren den Kontakt, schweifen ab, schauen etwas an, überlegen, was Sie noch alles erledigen müssen. Sobald Sie das bemerken, kehren Sie zurück zu Ihren Schritten.
- Manchen fällt es leichter, im Gehen achtsam zu bleiben, anderen schwerer. Geben Sie nicht gleich auf. Es kann helfen, den Blick zwei bis drei Meter vor sich auf den Boden zu senken oder langsamer zu gehen.
- Wenn Sie bemerken, dass Sie gesammelter werden, können Sie sich auch auf andere sich aufdrängende Erfahrungen des Hörens, Riechens, Sehens, andere Körperempfindungen einlassen oder sich ihnen ab und zu gezielt öffnen.

ditation übertragen. Die Gehmeditation ist eine gute Vorbereitung für die Übungen im Alltag, weil wir in der Bewegung und mit offenen Augen den Geist sammeln und achtsam sind. Gehmeditation ist aber mehr als nur ein Übergang zum Alltag, sie hat auch ihre ganz eigene Wirkung auf den Geist. Sie fördert die

Entwicklung bestimmter geistiger Qualitäten wie Wachheit, Flexibilität und Energie. In der Gehmeditation kann die Sammlung nicht so leicht erstarren, sondern muss geschmeidig bleiben, um sich auf die vielfältigen Empfindungen an weit verstreuten Körperregionen einzulassen. In der Bewegung lässt es sich weniger leicht dösen als in einer Sitzposition. Wir brauchen eine größere Entschlossenheit, uns von anderen Objekten nicht ablenken zu lassen. Ich übe daher gerne Sitz- und Gehmeditation im Wechsel, beginne meine Meditationspraxis im Gehen und setze sie nach einer Weile im Sitzen fort.

---

**"**Folgende Erweiterung bietet sich an, wenn Sie statt der formalen Gehmeditation einen Spaziergang machen. Ein paar Schritte bemerken Sie die Empfindungen in Ihren Füßen und Beinen, ganz gleich, wie schnell Ihr Tempo ist. Nach einer Weile wechseln Sie zum Hören. Welche Geräusche nehmen Sie wahr? Sie brauchen nicht herauszufinden, was Sie hören. Nach ein paar weiteren Schritten bringen Sie die Achtsamkeit zur Fortbewegung selbst. Und schließlich, bevor Sie wieder zu Ihren Beinen und Füßen zurückkehren, werden Sie sich des Sehens bewusst. Bemerken Sie, wie

Farben und Formen auf Sie zuzukommen scheinen, vorübergleiten und entschwinden, während Sie sich bewegen. ❝

## Intimer Kontakt

Das oben verwendete Bild mit dem Spiegel beschreibt wunderbar die Geistesqualität der Achtsamkeit. Doch wie alle Vergleiche deckt auch dieser nur einen Bereich ab und es fehlt das Element der Wirkung, die die Achtsamkeit und die daraus gewonnenen Erkenntnisse auf uns haben. Schließlich geht es bei unseren Erfahrungen nicht um irgendeine Sache, sondern um unser Leben. Wir können dabei nicht so unbeteiligt tun wie ein Spiegel oder ein Wissenschaftler, der ein abstraktes Problem untersucht.

### Achtsamkeit führt uns an uns selbst heran.

Wenn wir uns unseres Atems bewusst werden, beginnen wir, diesen viel direkter zu spüren. Statt nur kurz mit der Erfahrung in Kontakt zu sein, erleben wir sie in ihren Details und entdecken Dinge, die wir zuvor nie gesehen haben. Wir lernen uns kennen, wie wir sind – wir erfahren das Wunder des Lebens.

Denken wir einmal daran, wie es ist, wenn wir Musik hören. Wir können nebenbei etwas anderes tun, Geschirr spülen, uns unterhalten – oder wir können uns vollkommen auf die Musik einlassen. Im letzteren Fall werden wir viele einzelne Klänge entdecken, die wir vorher überhörten, und die Musik kann uns emotional viel tiefer berühren.

Mit der Übung von Achtsamkeit beginnen wir, uns und andere intensiver wahrzunehmen. Ein intimer Kontakt entsteht. Und solch ein Kontakt macht das, was wir sehen, interessant – ganz gleich, was es ist.

❞ Als ich vor zwanzig Jahren meine Diplomarbeit zum Abschluss meines Biologiestudiums schrieb, verspürte ich anfangs keinerlei Lust dazu. Die Themen entsprachen nicht wirklich meinen Neigungen. Dennoch wollte ich mein Studium abschließen. Das bedeutete, dass ich mich über mehrere Monate hinweg nur noch mit meinem Studienobjekt beschäftigen musste. Nach mehreren Wochen war zu meinem Erstaunen das, was mir zuvor langweilig erschienen war, höchst spannend geworden. ❝

Wenn wir anfangen, uns selbst mit einem solch wachen Interesse wahrzunehmen, werden wir wie »Forscher«, die mit Interesse immer wieder Neues entdecken. Längerfristig können wir bemerken, dass wir offener und ehrlicher uns selbst und anderen gegenüber werden, was sich in zunehmender Lebendigkeit und Vertrauen bemerkbar macht.

## Impuls

*»Ich nehme wahr, was ich spüre, höre, sehe, rieche, schmecke und taste.«*

## Während des Tages

Der wichtige nächste Schritt besteht darin, die Achtsamkeit vom Meditationskissen mit in den Alltag zu nehmen. Zu den Erfahrungen des Körpers zählen alle Sinneswahrnehmungen, Geräusche, Gerüche, Geschmackserfahrungen und alles, was wir sehen. Manche dieser Erfahrungen treten in der Sitzmeditation nicht so häufig auf, aber umso stärker während anderer Aktivitäten.

Widerstehen Sie dem Impuls, angestrengt aktiv nach besonderen Erfahrungen zu suchen. Entspannen Sie sich und registrieren Sie, was Ihnen gerade auf-

fällt. Sie können mit einfachen Begriffen das Wahrgenommene benennen – Hören, Riechen, Schmecken, Sehen, Spüren – und damit das achtsame Gewahrsein unterstützen. Falls die Worte Sie irritieren, lassen Sie sie einfach beiseite. Ich nutze das Benennen gerne, aber nur zeitweise.

Das Einnehmen und Halten einer achtsamen Geistesgegenwart fällt schon schwer während der Meditation, umso schwieriger ist es im alltäglichen Tumult. Das Schwierigste ist, daran zu denken, innezuhalten und in der Situation anzukommen, in der wir uns befinden. Danach brauchen wir nur noch mit der Achtsamkeit das Feld scannen, um zu wissen, was wir erfahren.

Ein paar Beispiele sollen Ihnen als Anregung dienen:

◖ Wenn Sie mit dem Fahrrad an einer Ampel stehen bleiben müssen, spüren Sie in Ihre Hände hinein, die den Lenker halten. Wie fühlen sie sich gerade an? Was empfinden Sie im Fuß, mit dem Sie auf der Erde stehen? Was im anderen, der auf dem Pedal ruht?

◖ Wenn Sie eine Treppe hinaufgehen, lassen Sie sich ganz auf das Treppensteigen ein. Oder, falls Sie wie ich viel lieber mit der Rolltreppe fahren, wenden Sie sich währenddessen ganz der Erfahrung des Stehens und Bewegtwerdens zu.

◖ Als Stütze für die Erinnerung an die Achtsamkeit im Alltag können externe Zeichen helfen, bunte Aufkleber an Türen, das Läuten eines Telefons, einer Uhr oder Ihres Smartphones, veranlasst durch eingangs erwähnte Achtsamkeits-App. Mit der Zeit wird die Achtsamkeit zu einer Gewohnheit des Geistes. Dann werden die Zeichen nicht mehr benötigt. Wir halten von selbst immer wieder inne und sind ganz da.

◖ Eine weitere Hilfe ist der Vorsatz, in bestimmten Situationen achtsam zu sein. Nehmen Sie sich am besten Ereignisse in unterschiedlichen Zeiträumen und Situationen Ihres Tages vor, zu Hause, auf der Straße, bei der Arbeit, in der Natur, in der Stadt, und beziehen Sie verschiedene Körperpositionen mit ein. Eine Vielfalt von Erfahrungen, die wir bisher übergangen haben, mag uns bewusst werden und wir können den Reichtum entdecken, den uns unsere Umgebung an Eindrücken schenkt. In dem Fall, dass Ihnen die Fülle manchmal zu viel wird, lenken Sie Ihre Aufmerk-

samkeit gezielt auf ein ruhiges, statisches Objekt, einen Baum, den Bodenkontakt, den Atem, und verharren Sie dort. Nutzen Sie in diesem Fall die Kraft der bloßen Sammlung, um sich ein wenig von außen abzuschotten. Mithilfe Ihrer Achtsamkeit bemerken Sie, wann das notwendig ist.

## Für das Retreat zu Hause

Nachdem Sie alles so arrangiert haben, dass Sie Ihr Retreat zu Hause durchführen können, und eine Struktur gefunden haben, die den Gegebenheiten entspricht, geht es im Wesentlichen um den Aufbau einer klaren kontinuierlichen Achtsamkeit, die sich der momentanen Erfahrung direkt zuwendet. Der Körper steht im Mittelpunkt. Widmen Sie sich in den Sitz- und Gehmeditationen immer wieder dem Atem beziehungsweise den Empfindungen in den Füßen und Beinen. Sie dienen als Ankerpunkte der Achtsamkeit, zu denen Sie jederzeit zurückkehren können. Versuchen Sie, bei allen anderen Aktivitäten zu wissen, in welcher Position der Körper sich befindet, was Sie tun, und spüren Sie, was Sie hierbei auf der körperlichen Ebene erfahren. Halten Sie es einfach. Wenn Sie sitzen, wissen Sie, dass Sie sitzen, wenn Sie gehen, wissen Sie, dass Sie gehen, wenn Sie aufstehen, dass Sie aufstehen, wenn Sie duschen, dass Sie duschen. Kommen Sie einfach immer wieder zu der Klarheit darüber zurück, was Sie tun und wie sich das anfühlt. Versuchen Sie weiterhin der Versuchung zu widerstehen, durch Druck länger achtsam zu sein. Bleiben Sie entspannt, versuchen Sie, sich einfach für jeden Moment zu interessieren. Die Qualität der Achtsamkeit kann zwischen Sitz- und Gehmeditation stark variieren. Behalten Sie trotzdem einen Wechsel von Sitz- und Gehmeditation bei. Schließen Sie nach und nach die Erfahrung anderer Sinnesorgane mit ein, das Hören, Riechen, Schmecken und Sehen.

# 3

## *Eine liebevolle* HALTUNG *kultivieren*

Wir nehmen unsere innere Haltung zum Leben wahr und lernen, wie wir uns bewusst für eine liebevolle Ausrichtung entscheiden können.

*Vor den Toren einer großen Stadt sitzt eine alte Frau am Straßenrand mit ihren Waren. Ein Wanderer kommt vorbei und fragt sie: »Wie sind die Leute in der Stadt, sind es gute Menschen oder schlechte?« Sie schaut ihn an und fragt zurück: »Nun, wie hast du die Menschen dort erlebt, wo du herkommst?«*

*»Da, wo ich herkomme, sind die Menschen schlecht«, erwidert der Wanderer. Sie antwortet: »So werden dir die Menschen hier erscheinen.«*

*Nach einer Weile kommt erneut ein Fremder vorbei und stellt ihr die gleiche Frage: »Wie sind die Leute in der Stadt, sind es gute Menschen oder schlechte?«*

*Auch ihm stellt sie die Frage: »Nun, wie hast du die Menschen dort erlebt, wo du herkommst?«*

*»Da, wo ich herkomme, sind die Menschen gut«, sagt der Fremde.*

*»So werden dir die Menschen hier erscheinen«, lautet die Antwort der Alten.*

Wie wir die Welt wahrnehmen und interpretieren, hängt sehr mit der inneren Haltung zusammen, mit der wir auf die Welt zugehen. Daher wollen wir im nächsten Schritt feststellen, welche Grundhaltungen wir uns selbst, anderen Personen und Erfahrungen gegenüber einnehmen und was wir tun können, um eine grundlegend positive, offene und wohlwollende Haltung zu fördern.

# Wie stehe ich mir und anderen gegenüber?

In den vorangegangenen Kapiteln hieß es, dass wir in der Meditation nichts leisten müssen, doch gerade das fällt vielen Menschen schwer.

### Achtsamkeit offenbart unsere innere Grundhaltung.

Wer gewohnt ist, seine Erfahrung durch eine kritische Brille zu betrachten, wird dies auch in der Meditation nicht gleich fallen lassen können. Was immer wir bemerken, ob es einzelne Erfahrungen sind oder der Verlauf der Meditation, gibt Anstoß für neue, häufig unbewusste Urteile, die alte Meinungen bestätigen.

99Harald bemerkt in seiner Meditation, wie selten er beim Atem sein kann. Die Übung scheint so einfach. Doch regelmäßig bemerkt er, dass er aus Gedanken erwacht, an die er sich nur noch schemenhaft erinnern kann. Frustration und Zweifel an seinen Fähigkeiten steigen in ihm auf. Am Ende der Meditationsperiode fallen wie von selbst Urteile: »Da war wieder nichts als Unruhe. Selbst so eine kleine Aufgabe kann ich nicht erfüllen.« Die Sätze bestätigen sein negatives Selbstwertgefühl.

Nadin hingegen freut sich über die wenigen Momente, in denen sie achtsam ist, und entdeckt eine neue Qualität des Seins. Sie ist nicht häufiger präsent, aber am Ende der Meditation geht sie beschwingt hinaus. Ihr positives Selbstwertgefühl kann durch die lückenhafte Achtsamkeit nicht geschmälert werden.❝❝

Nur wenige Menschen können sich annehmen, wie sie sind. Viele, denen ich in Meditationsseminaren begegne, leiden unter Minderwertigkeitsgefühlen. Sie haben sehr hohe Ansprüche an sich selbst und setzen sich unter enormen Leistungsdruck. Ihr Geist ist erfüllt von Härte, Gram und Negativität, mit der sie allzu oft auch anderen begegnen. Dementsprechend sind ihre Beziehungen geprägt von Argwohn, Konkurrenzdenken und Kritik.

Wir wollen damit beginnen herauszufinden, welche Einstellung wir zu uns selbst haben. Begegnen wir uns wohlwollend oder sind wir uns nie gut genug? Aufschluss geben Urteile und Reaktionen während oder im Anschluss an die Achtsamkeits- und Meditationsübungen:

◖ Du musst stiller sitzen, wacher sein, konzentrierter sein!

◖ Das war ja wieder nichts!

◖ Warum muss mir immer dieses verflixte Knie wehtun!

## Unsere Haltung gegenüber anderen

Genauso wie der Blick auf uns selbst, verraten urteilende Gedanken gegenüber anderen etwas über unsere innere Haltung:

◖ Kritisieren wir viel und gerne?

◖ Fühlen wir uns bestätigt, wenn jemand unfreundlich ist?

◖ Denken oder sagen wir Sätze wie: »Ich hab es ja gewusst. So musste es ja kommen. Es konnte ja gar nicht gut gehen.«

Sätze dieser Art zeigen eine skeptische negative Grundhaltung – deshalb ist es interessant, unsere Achtsamkeit in diese Richtung zu lenken, um mitzubekommen, was eigentlich geschieht, und um längerfristig eine positivere Grundhaltung entwickeln zu können.

## Gewohnte Urteile schleichen sich zu oft unbemerkt ein.

Sie werden leicht übersehen, weil sie so vertraut sind. Die Gedanken erscheinen als objektive Wahrheiten, die nicht überprüft werden müssen. Es kann lange dauern, bis uns überhaupt bewusst wird, dass unsere Wahrnehmung von einer negativen inneren Haltung gefärbt ist.

Die innere Grundhaltung, die wir unseren Erfahrungen entgegenbringen, beginnt sich in frühen Jahren zu entwickeln. Sie wirkt wie ein Filter oder eine Linse, durch die wir später auf bestimmte Handlungen, Situationen, Personen blicken, sie interpretieren und anschließend entsprechend unserer Meinung reagieren. Im alltäglichen Handeln übersehen wir oft den Anteil, den unsere Grundhaltung bei der gedanklichen Verarbeitung spielt. Über einen unfreundlichen Verkäufer können wir denken, »Der arme Mensch, offensichtlich hat er heute einen schweren Tag. Vielleicht ist er körperlich angeschlagen.« Oder: »Der dumme Kerl. Was nimmt der sich heraus, mich so unfreundlich zu behandeln.« Im ersten Fall bleiben wir innerlich offen, reagieren mitfühlend, besorgt, im zweiten verschließen wir uns, ärgern uns und reagieren gereizt.

Mit einer grundsätzlich wohlwollenden Einstellung uns selbst und dem Leben gegenüber können wir uns Erfahrungen freundlich zuwenden, reagieren weniger schnell ärgerlich oder geraten nicht so schnell aus dem Gleichgewicht. Die Chancen, freundlich behandelt zu werden, erhöhen sich um ein Vielfaches. Außerdem tendieren wir dazu, freundliche Menschen in unserer Umgebung verstärkt wahrzunehmen.

Verschlossen und abweisend in unserem Verhalten, wenden sich wiederum andere tendenziell von uns ab und bestätigen so erneut unsere Meinung von den unfreundlichen Menschen. Tragen wir Argwohn im Herzen, so interpretieren wir die Handlungen und Worte anderer leicht als Ausdruck von deren Böswilligkeit. Wir fühlen uns schnell angegriffen, verletzt und verlieren häufig unser inneres Gleichgewicht.

Eine harte, negative innere Haltung bringt viel Leiden mit sich. Sie vergiftet unsere Beziehungen, verleidet Aktivitäten und kann ein großes Hindernis für unsere Entwicklung sein, weil jeder Schritt negativ bewertet wird. Eine direkte unparteiische Achtsamkeit kann nicht entstehen, die ein tiefes Erforschen und Verstehen des Lebens möglich macht. Misstrauen, Geiz, Neid und andere negative Geisteszustände sind direkte Konsequenzen hiervon.

## Eine freundlich offene Haltung entwickeln

Achtsamkeit bringt all unsere Sonnen- und Schattenseiten ans Licht. Sie ist in dieser Hinsicht schonungslos. Sie kümmert sich nicht um das Selbstbild.

Mit einer kritischen Haltung kann unsere Übung eine Qual werden.

Deutlicher als bisher nehmen wir uns selbst und andere wahr. Bewahren wir die gleiche abschätzige Haltung, stärken wir die Tendenz des Verurteilens. Der erste Schritt zu einer Veränderung besteht darin, diese Grundhaltung wahrzunehmen und dann einen liebevollen Umgang mit uns selbst und anderen zu üben.

Daher ist es nicht nur wichtig zu lernen, mittels Achtsamkeit in Kontakt mit dem Moment zu treten, sondern ebenso eine freundliche offene Haltung zu uns selbst und anderen und allen Erfahrungen gegenüber zu entwickeln.

Unsere inneren Grundhaltungen, ob skeptischer Natur oder vertrauensvoll, zugewandt oder abgewandt, wohlwollend oder argwöhnisch, sind keineswegs unveränderlich. Der Hirnforscher Gerald Hüther erklärt in seinem Vortrag über Gelassenheit, wie sich in jungen Jahren aus positiven oder negativen Erfahrungen entsprechende Haltungen und Vorstellungen, sei es über eigene Fähigkeiten, über die Arbeit oder andere Menschen, formen. Die erfolgreiche Bewältigung schwieriger Situationen führt zu Neugier, Vertrauen und Offenheit gegenüber Neuem, während das häufige Scheitern in der Vergangenheit Misstrauen, Angst und Stress aufbaut. Alle späteren Erfahrungen werden im Licht dieser Haltungen antizipiert. Mit solch vorgefassten Meinungen treten wir uns selbst und anderen Menschen entgegen. Haben wir eine positive Einstellung, verhalten wir uns bejahend und wohlwollend, haben wir eine schlechte, sind wir eher kritisch und ablehnend.

Wir meinen aber, unsere Urteile seien das Resultat objektiver Tatsachen. Dass dem nicht so ist, zeigt die Bandbreite möglicher Meinungen über ein und die gleiche Angelegenheit. Lesen Sie einfach mehrere Kritiken über ein und dasselbe Konzert, Theaterstück oder eine politische Entscheidung und Sie werden die unterschiedlichsten und widersprüchlichsten Meinungen finden. Tauschen Sie Meinungen über Personen und Situationen aus, es ist verblüffend, wie weit sie auseinanderklaffen können. Während meiner Retreats schweigen die Teilnehmer untereinander. Manche nehmen die anderen als konzentriert und achtsam wahr, andere als missmutig und depressiv.

## Die Projektionen stimmen selten mit der Realität überein.

Die Grundhaltungen, die wir gegenüber den Herausforderungen des Lebens, gegenüber uns selbst und anderen haben, lassen sich ändern, wenn wir die Chance haben, andere Erfahrungen zu machen. Gefühle des Erfolgs, der Zugehörigkeit, des Angenommen-Seins formen eine positive Haltung gegenüber dem Leben, aus der Gestaltungslust, Kreativität, Neugier und andere positive Kräfte des Lebens wachsen.

Die Veränderung solcher Haltungen braucht Geduld, Ausdauer und eine konsequente Anwendung geeigneter Mittel. Dafür steht uns eine weitere Praxis zur Verfügung: die der Metta-Praxis. Metta ist ein Begriff aus der Pali-Sprache, der Sprache des Buddha, und bedeutet liebevolle Güte. In der Metta-Praxis wird über ein gezieltes Denken die innere Haltung und dadurch der Wahrnehmungsraum verändert, der ein neues anderes Erfahren zulässt.

In dieser Praxis geht es explizit um die Entwicklung einer inneren wohlwollenden Haltung, die es uns ermöglicht, uns selbst, anderen und allen Erfahrungen offen zu begegnen. Es handelt sich um ein Wohlwollen, das keinerlei Voraussetzung bedarf. Für viele dürfte dieser Ansatz eine radikale Umkehr in ihrem bisherigen Denken bedeuten.

## Was ist liebevolle Güte

Immer wieder wird mir die Frage gestellt: Lässt sich Liebe tatsächlich entwickeln? Ist Liebe nicht etwas Rares, für das wir besonders gut sein müssen, um sie zu verdienen?

Liebe und Weisheit werden mit den zwei Flügeln eines Vogels verglichen. Wir kennen die romantische Liebe, die wir für eine andere Person empfinden. Wir möchten mit ihr zusammen sein, sie berühren, eine Partnerschaft eingehen. So eine Partnerschaft enthält verschiedene Elemente: Wertschätzung, körperliche Anziehung, materielle Unterstützung, ähnliche Interessen, gemeinsame Lebensinhalte wie Kinder aufziehen, geteilte Werte und Vorstellungen spielen eine wichtige Rolle. Die Partnerschaft existiert, bis jemand der Ansicht ist, dass sie sich nicht weiter lohnt. Interessen können sich verlagern, die körperliche Anziehung kann nachlassen oder wir fühlen uns nicht länger geliebt. Die Bedingungen für unsere Liebe werden nicht länger erfüllt und wir verlassen enttäuscht die Beziehung.

Wir gebrauchen das Wort Liebe auch im Zusammenhang mit dem, was wir gerne tun oder gerne haben. Wir sagen: Ich liebe Reiten, ich liebe Rotwein, ich liebe meine Tasse. Auch diese Liebe kennt Bedingungen. Ich liebe nicht jede Tasse, nur diejenigen, die eine bestimmte Form oder Farbe haben. Mein Liebe zum Reiten kann sich ändern, wenn ich vom Pferd stürze und mich ernsthaft verletze. Ich liebe auch nicht jeden Rotwein, sondern nur bestimmte Sorten und Jahrgänge.

Eine ganz andere Form der Liebe ist die Liebe des offenen Herzens.

> *Es handelt sich um eine grundsätzliche Akzeptanz und Wertschätzung.*

Sie stellt keinerlei Bedingungen, aus ihr ergeben sich Respekt, Offenheit, Hilfsbereitschaft, Wohlwollen, Freundlichkeit und andere positive Geisteszustände. Eine solche Liebe zieht ihre Quelle aus einer wertschätzenden Grundeinstellung zum Leben und nicht aus einer Tat, einem Wort oder dem Aussehen des anderen.

Die Allgemeine Erklärung der Menschenrechte, wie sie 1948 niedergeschrieben wurde, drückt diese Haltung aus. Sie ist eine Liebeserklärung an alle Menschen und Wesen. Im Wesentlichen wird ausgesagt, dass jedes Wesen ein Recht auf Würde hat und damit aus sich selbst heraus liebenswert ist. Wenn wir uns und anderen mit dieser Haltung aufrichtig begegnen, schaffen wir die Grundbedingung für inneren und äußeren Frieden.

*Wir können uns selbst lieben und annehmen, wie wir sind.*

Wir können andere lieben und annehmen, wie sie sind. Wir müssen nicht mit allen Menschen zusammenleben wollen, wir müssen nicht alle Taten gutheißen, aber grundsätzlich verdienen alle Wesen Respekt. Eine solche Haltung kann von keinen Ereignissen erschüttert werden, wenn sie tief verinnerlicht ist, und ermöglicht Zugang zu innerem Frieden, Glück und Freude in jeder Situation.

Diese liebevolle Grundhaltung kann sich unterschiedlich ausdrücken. Im Kontakt mit jemand anderem entsteht Zugewandtheit statt Argwohn. Wenn eine Person leidet, entsteht spontan Mitgefühl und der Wunsch zu helfen. Berichtet jemand von Erfolg und Wohlergehen, freuen wir uns mit, anstatt in Konkurrenz zu treten. Im Angesicht der Aufs und Abs im Leben verleiht uns die Offenheit des Herzens die Fähigkeit, gelassen, aber nicht gleichgültig zu bleiben.

## Die innere Haltung verändern

Eine liebevolle Zugewandtheit lässt sich entwickeln. Unsere Haltungen sind uns nicht angeboren, sondern werden geprägt durch unsere Umgebung und unsere Erfahrungen, die wir im Leben machen. Alle weiteren Erfahrungen interpretieren wir mithilfe unserer entwickelten Überzeugungen und schon ist der Kreis geschlossen.

Wir sind unseren Gedanken jedoch nicht hilflos ausgeliefert, sondern können die Art des Denkens aktiv gestalten. Dazu brauchen wir Achtsamkeit, damit wir überhaupt mitbekommen, was wir denken, und eine innere Überzeugung, wohin sich »unser Geist neigen soll«.

>>Manfred war erfüllt von Argwohn und Angst anderen Männern gegenüber, da er viel Gewalt im Leben erfahren hatte. Es war ihm unmöglich, die Augen geschlossen zu halten, wenn jemand während der Meditation den Raum betrat. Er musste die Situation unter Kontrolle behalten. Herzrasen, Schweißausbrüche, Schlaflosigkeit waren die Folge kleinster Störungen. Als er mit der Meditation begann, widmete er sich mehrere Monate allein der Metta-Praxis und beschrieb dies als ein Auswechseln der Software. Langsam ließ der instinktive Argwohn nach.<<

Die Methode, mit der wir unser Denken und damit unser Grundprogramm ändern, überrascht in ihrer Einfachheit. Wir stellen uns Personen vor, denken gezielt an ihre guten Qualitäten und wünschen ihnen Glück, Wohlergehen, Geborgenheit und Leichtigkeit. Es handelt sich um ganz grundsätzliche Wünsche, wie wir sie auf vielen Glückwunschkarten lesen und derer wir vielleicht schon lange überdrüssig sind. Doch diese Wünsche haben eine Wirkung. Wir brauchen nur einmal laut das Gegenteil zu sagen und in unser Herz zu spüren: »Ich wünsche dir, dass du unglücklich bist!« Mit großer Wahrscheinlichkeit werden wir wahrnehmen, wie schmerzvoll ein solcher Wunsch ist. Es geht hier nicht darum, von nun an nur noch positiv zu denken oder verkrampft die verletzenden Taten anderer umzudeuten. In allen Menschen wohnen negative Kräfte wie Gier und Aggression. Wenn wir sie in anderen bemerken, schützen wir uns. Wenn wir diese Impulse in uns entdecken, halten wir inne, um Schaden zu vermeiden.

Aber es gibt auch die guten Seiten in uns und anderen.

## In allen Menschen steckt die Kraft der Liebe.

Alle Wesen sind fähig zu guten, heilsamen Handlungen und können mithilfe von Achtsamkeit erkennen, in welchen Ansichten sie gefangen sind, und sich bewusst für eine andere Richtung entscheiden. Diese Grundüberzeugung im Buddhismus ist das Fundament und der Ausgangspunkt einer wohlwollenden offenen Haltung. Daher verdient jeder Mensch und auch jedes andere Wesen unsere Liebe.

Wir beginnen die Praxis mit uns selbst, denn wenn wir es schaffen, uns selbst mit mehr Nachsicht und Wohlwollen zu begegnen, wachsen die Chancen, dass es uns mit unseren Mitmenschen ebenfalls gelingt. Sich selbst zu lieben ist die Grundlage, andere zu lieben.

Nachdem wir gelernt haben, uns selbst freundlich zu begegnen, können wir die Wünsche an andere Personen richten. Zunächst folgen diejenigen, die uns nahestehen und wohlgesinnt sind, dann wenden wir uns unbekannten Personen zu und als Letztes, wenn wir tief in der wohlwollenden Haltung von liebevoller Güte verankert sind, richten wir sie an die Personen in unserem Leben, die schwierig für uns sind. Damit haben wir alle Kategorien erfasst, in die wir die Wesen einteilen: uns selbst, Freunde, Unbekannte und Feinde.

Es braucht Zeit, Geduld und Praxis, wirklich allen Wesen gleichermaßen gegenüber offen zu sein. Der Anspruch, in einem Tag unsere Ängste und Aggressionen auflösen zu können, ist unrealistisch. Doch wir können heute beginnen und einen kleinen Schritt in die Richtung eines offenen Herzens gehen. Und wenn dieser Schritt uns nur darin unterstützt, etwas milder mit uns und unseren Freunden umzugehen, etwas nachsichtiger kleine Schwächen zu akzeptieren, den Stachel des Perfektionismus zu entfernen, dann ist viel gewonnen.

# MEDITATION ZUR ENTWICKLUNG LIEBEVOLLER GÜTE

Die Meditation kann im Sitzen, Liegen oder Gehen durchgeführt werden und selbstverständlich auch im Stehen. Die Entwicklung einer liebevollen Haltung fällt leichter, wenn wir keine größeren körperlichen Unannehmlichkeiten empfinden. Daher ist es sinnvoll, eine Position zu wählen, die bereits ein gewisses Maß an Wohlbehagen erzeugt.

In der liegenden Stellung ist die Tendenz zur Schläfrigkeit höher als in den anderen Positionen. Dennoch ist sie in diesem Fall vorzuziehen, wenn starke Schmerzen vorhanden sind, der innere Druck und Leistungsanspruch hoch ist oder eine große Rastlosigkeit herrscht. Die entspannende Haltung des Liegens kann ausgleichend wirken.

Heute praktizieren wir in der Meditation mit uns selbst und mit einer anderen Person, zu der wir ein ausgesprochen positives Verhältnis haben. Später, wenn Ihnen die Übung mit sich selbst und Ihren Freunden ohne Widerstände gelingt, können Sie unbekannte oder schwierige Personen einbeziehen. Lassen Sie sich Zeit. Üben Sie wiederholt mit den gleichen Personen. Falls Widerstände auftauchen, kehren Sie zu sich selbst oder zu Personen, mit denen es Ihnen leichtfällt, zurück. Arrangieren Sie sich für die Liegeposition eine geeignete Unterlage oder meditieren Sie auf dem Sofa oder Ihrem Bett. Lassen Sie die Augen geöffnet, wenn Sie in dieser Position schnell schläfrig werden. Zusätzlich können Sie einen Unterarm aufrichten, sodass Ihre Hand in die Luft ragt. Sollten Sie einschlafen, fällt diese herab und Sie wachen wieder auf.

Beginnen Sie wie bisher, indem Sie an Ihrem Platz ankommen und sich Ihrer Position bewusst werden. Nutzen Sie den Atem, um sich zu entspannen und etwas zur Ruhe zu kommen.

Dann beginnen Sie die Metta-Praxis, indem Sie sich eine Situation in Erinnerung rufen, in der Sie eine positive Qualität zum Ausdruck gebracht haben. Vielleicht haben Sie die Küche gründlich geputzt oder der Kassiererin ehrlich das überzählige Wechselgeld zurückgegeben oder Sie haben sich an die Abmachung gehalten, sich um mehr Pünktlichkeit zu bemühen. Etwas dieser Art reicht vollauf.

- Fokussieren Sie sich ganz auf ein konkretes Beispiel oder eine allgemeine positive Qualität wie Geduld, Hilfsbereitschaft, Verlässlichkeit. Einwendungen, die behaupten: »Das hast du doch nur getan, um gelobt zu werden, anerkannt oder nicht geschimpft zu werden«, oder: »Das zählt doch gar nicht im Vergleich zu all den anderen schlechten Taten«, lassen Sie links liegen, ohne sich auf eine Diskussion einzulassen.
- Spüren Sie, wie sich diese positive Qualität in Ihnen anfühlt. Verweilen Sie einige Augenblicke in dieser Wahrnehmung.
- Entwickeln Sie ein klares Bewusstsein, dass Sie sich mit folgenden Sätzen an sich selbst wenden, entweder indem Sie sich als Person vorstellen oder Ihren Namen währenddessen nennen. Jetzt beginnen Sie, sich still im Geist folgende Sätze zu sagen:
  »Möge ich glücklich und zufrieden sein.«
  »Möge ich gesund sein.«
  »Möge ich sicher und geborgen sein.«
  »Möge ich mit Leichtigkeit leben.«
- Nach jedem Satz lassen Sie eine kurze Pause eintreten und spüren Sie einfach nach, lassen Sie die Worte wirken, ohne etwas Bestimmtes zu erwarten.
- Die Geschwindigkeit richtet sich nach Ihrer Verfassung. Sind Sie sehr zerstreut, können die Sätze schnell hintereinander folgen, sodass andere Gedanken weniger leicht auftauchen können. Sind Sie zentrierter, können Sie längere Pausen bis zum nächsten Wunsch einlegen.

- Im Laufe der Meditation können verschiedenste emotionale Reaktionen auftauchen wie Trauer, Ärger oder Zuneigung. Falls Tränen fließen wollen, lassen Sie sie fließen. Entstehen schwierige Gefühle, versuchen Sie, sie mit folgendem Satz miteinzubeziehen: »Ich nehme mich so an, wie ich bin, mit all meinen Schwächen und Schwierigkeiten.« Entsteht ein warmes, offenes Gefühl, lassen Sie sich ein wenig in diese Erfahrung hineinfallen.
- Die Wünsche können zunächst holprig klingen. Sie können andere Varianten ausprobieren, die Ihnen vielleicht mehr entsprechen, wie:
»Möge ich lernen, mich mit Augen des Verstehens und der Liebe anzuschauen.«
»Möge ich mir ein wahrer Freund, eine wahre Freundin sein.«
Oder Sie verändern die Anrede:
»Ich wünsche mir, dass ich glücklich und zufrieden bin.«
- Da Sie zu sich selbst sprechen, können Sie zwischen der Rolle der Wünschenden und der Empfangenden wechseln und dies im Satz zum Ausdruck bringen: »Ich wünsche dir, dass du glücklich und zufrieden bist.«
- Experimentieren Sie mit den Sätzen. Entscheidend ist nicht der Text, sondern dass etwas in unserem Herzen angesprochen wird und die Worte sich mit der Zeit mit dem Impuls, das Herz zu öffnen, verbinden. Für mich klangen die Sätze anfangs mechanisch. Inzwischen sind sie eng mit der annehmenden liebevollen Haltung verbunden und bringen mich zu ihr zurück, sobald ich mich an sie erinnere.
- Manchmal können die Sätze einen starken Schwall von Hass offenlegen, der vorher nur untergründig schwelte. Falls das der Fall ist, ist es besser, zu einer anderen Person zu wechseln, zu der ein besseres Verhältnis besteht. Es darf auch ein Tier oder eine Landschaft sein, etwas, was das Herz berührt.
- Nachdem Sie eine Weile, vielleicht fünfzehn Minuten, mit sich geübt haben, wechseln Sie zu einer vertrauten Person, zu der ein eindeutig positives Verhältnis besteht. Dies kann ein Schullehrer oder eine Schul-

lehrerin sein, die Sie damals durch ihre ausgesprochen faire Notenbewertung beeindruckt haben, oder ein Großelternteil.

- Rufen Sie sich die Person bildlich in Erinnerung, den Klang ihrer Stimme, die Körpergröße, die Situation, wie Sie im Klassenzimmer sitzen, bis Sie ein wenig Zugang zu der damaligen emotionalen Erfahrung haben. Dann erinnern Sie sich an die Qualität Fairness, die Sie so sehr schätzten. Anderen Erinnerungen, die in diesem Zusammenhang spontan auftauchen, folgen Sie nicht weiter. Stattdessen formulieren Sie aktiv Ihren ersten Wunsch: »Mögest du/mögen Sie glücklich und zufrieden sein.«

- Lassen Sie den Satz wirken, spüren Sie die Verbindung, die währenddessen entsteht, vielleicht Ihre Dankbarkeit darüber, vielleicht nichts. Ebenso wie zuvor richten Sie einen Wunsch nach dem anderen an die Person, bleiben Sie in Verbindung mit ihr, den Wünschen und Ihrer Erfahrung, ohne etwas zu erwarten.

- Am Ende der Meditation kehren Sie zurück zum einfachen achtsamen Wahrnehmen Ihres Atems und Ihrer Körperposition und versuchen Sie die Qualität der Offenheit mit in diese Erfahrung zu nehmen.

- Manche Personen berichten, dass sie keinerlei Emotionen während dieser Übung verspüren.

  Das ist weder gut noch schlecht und sagt nichts darüber aus, ob die Praxis erfolgreich ist oder nicht. Es ist, wie es ist. Allein die Wünsche auszusprechen signalisiert eine Bereitschaft, Wohlwollen zu entwickeln. Sie legen einen Samen in Ihr Bewusstsein, der mit jedem wohlwollenden Satz, mit jeder freundlichen Geste gewässert wird und längerfristig eine Veränderung bewirken wird. Machen Sie geduldig weiter, ohne den Erfolg an konkreten emotionalen Gefühlszuständen im Moment zu messen.

## Impuls

*»Ich nehme mich so an,*
*wie ich bin, mit all*
*meinen Schwächen und*
*Schwierigkeiten.*
*Ich nehme dich so an,*
*wie du bist, mit all deinen*
*Schwächen und*
*Schwierigkeiten.«*

## Während des Tages

Der nächste Schritt besteht jetzt darin, die liebevolle Haltung im Trubel des Alltags nicht zu vergessen. Am besten beginnen wir gleich morgens beim Aufwachen, indem wir uns selbst mit ein, zwei liebevollen Wünschen freundlich begrüßen. Wir können uns auch neben das Bett einen lieben Satz, ein Bild oder eine Blume legen, die unser Herz erfreut. Während des Tages können wir uns immer wieder ein, zwei dieser Wünsche still zuflüstern, beim Kaffeetrinken, beim Schauen aus dem Fenster, beim Warten auf den Bus.

*»Möge ich glücklich und*
*zufrieden sein. Möge es mir*
*gutgehen.«*

Der Impuls eignet sich vor allen Dingen dann, wenn wir während des Tages vernichtende Urteile entdecken. Wir stehen an der Ampel und stellen mit Erschrecken fest, dass wir in der letzten Stunde kein einziges Mal an die Wünsche gedacht haben. Das Wichtigste ist, sich dies als Erstes zu verzeihen. Der Impuls »Ich nehme mich so an, wie ich bin, mit all meinen Schwächen und Schwierigkeiten« kann uns dafür öffnen. Vergebung ist essenziell für das Entwickeln bedingungsloser Liebe.

Bevor wir die Wünsche wieder aufgreifen, nehmen wir uns einen Moment Zeit und verzeihen uns für unsere Vergesslichkeit. Ohne diesen Schritt der Nachsicht mag es schwerfallen, in die Qualität der Wünsche hineinzufinden.

Vielleicht mögen wir die Wünsche spontan an andere Personen oder Tiere richten, die sich in unserer Nähe befinden oder an die wir gerade denken. Ich persönlich praktiziere gerne mit den Menschen, die mir in den öffentlichen Verkehrsmitteln begegnen. Die Menschen um mich herum kommen mir innerlich näher, ich habe das Gefühl, ihnen wirklich zu begegnen und empfinde ein größeres Interesse an meiner Umgebung.

Die Wünsche stehen manchmal in krassem Gegensatz zur Wirklichkeit. Statt glücklich, geborgen und zufrieden, fühlen Sie sich vielleicht abgehetzt, stehen unter Druck oder haben schlechte Nachrichten hinnehmen müssen. Ihre schönen Gedanken werden diese Ereignisse nicht auslöschen können, aber sie können Ihnen helfen, eine innere Balance zu finden, aus der heraus Sie erkennen können, was Sie kreativ für sich selbst jetzt tun können. Das mag ein Fußbad am Abend sein, das Anzünden einer Kerze oder das Trinken einer warmen Tasse Tee. Eine kleine Geste, die ein Ausdruck Ihrer Freundschaft mit Ihnen selbst ist und Ihnen einen Moment der Ruhe und des Friedens schenken kann. Denken Sie währenddessen nicht weiter an die belastende Situation, sondern wenden Sie sich gezielt immer wieder den Sätzen zu. Wenn Sie abends im Bett liegen, können Sie den Tag mit liebevollen Wünschen an sich selbst und vielleicht auch an andere abschließen. Versuchen Sie, ein paar positive freudvolle Ereignisse aufzuspüren, selbst wenn vieles schieflief. Mit etwas Anstrengung wird es gelingen. Auf diese Art rahmen die Wünsche den Tag ein. Die guten Gedanken, die Sie mit in den Schlaf nehmen, können zu einer tiefen erholsamen Nachtruhe beitragen.

Ich kenne einen Mann, der in seinem Leben nach äußeren Maßstäben in vielerlei Hinsicht gescheitert ist. Er brach sein Studium ab, lag jahrelang von Angst gelähmt im Bett, bis die Lebensgefährtin ihn sitzen ließ und aus der Wohnung schmiss. Längst zu alt und ungeschickt im Umgang mit Ämtern, lag die Route vorprogrammiert vor ihm, auf der er auf der sozialen Leiter immer weiter abstieg. Am Ende traf ich ihn in einer kleinen dreckigen ungeheizten Ecke in einer Lagerhalle lebend – doch auf dem Fensterbrett brannte eine kleine Weihnachtskerze.

## Für das Retreat zu Hause

Sowie die Achtsamkeit etwas klarer und stabiler geworden ist, ist es von großer Bedeutung, darauf zu achten, dass die innere Haltung, mit der wir wahrnehmen, was sich ereignet, erfüllt ist von Freundlichkeit und Wohlwollen. Achten Sie zunehmend auf den Tonfall und die feinen Kommentare im Geist über Ihre Meditation und Erfahrungen. Lassen Sie etwaige negative Urteile über Sie selbst durchziehen, ohne auf sie zu hören. Sie können eine freundliche Haltung fördern, indem Sie die Praxis der liebenden Güte einflechten. Entweder Sie widmen dieser Praxisform mehrere Meditationsperioden oder Sie beginnen oder enden die Meditationsperioden damit. Sollten Sie Ansprüche oder Erwartungen an Ihre Meditationspraxis entdecken, lassen Sie diese immer wieder fallen. Soweit es Ihnen möglich ist, lassen Sie sich einfach ein auf die nächste Erfahrung, die Sie machen.

# 4
# GEFÜHLE
## *entdecken*

Wir erschließen uns einen Zugang
zu unseren Gefühlen und lernen,
inmitten starker Emotionen ein inneres
Gleichgewicht zu bewahren.

*Eines Abends erzählt ein Großvater seinem Enkel von einem Kampf, der in allen Menschen stattfindet.*

*Er sagt: »Mein Sohn. Der Kampf ist der zwischen zwei Wölfen. Einer ist böse. Es handelt sich um Ärger, Neid, Kummer, Bedauern, Gier, Arroganz, Selbstmitleid, Schuld, Groll, Minderwertigkeitsgefühl, Lügen, falscher Stolz, Überheblichkeit und Egoismus.*

*Der andere ist gut. Es handelt sich um Freude, Frieden, Liebe, Hoffnung, Ruhe, Bescheidenheit, Freundlichkeit, Güte, Empathie, Großzügigkeit, Aufrichtigkeit, Demut und Mitgefühl.«*

*Der Enkel denkt eine Weile darüber nach und fragt schließlich: »Welcher Wolf gewinnt?«*

*Der alte Mann antwortet ihm: »Der, den du fütterst.«*

Niemand möchte absichtlich den bösen Wolf nähren, denn wir alle wissen, wie leidvoll die Konsequenzen von Wut, Gier und derartigen Geisteszuständen für uns und andere sind. Situationen, die von negativen Gefühlen erfüllt sind, hinterlassen schmerzhafte Erinnerungen, die unser Leben, unsere Beziehungen und unsere Entscheidungen dauerhaft beeinträchtigen können. Tief im Herzen sehnen wir uns nach Aussöhnung und Qualitäten wie Großzügigkeit, Liebe und Mitgefühl, die Harmonie, Verbundenheit und Freude in unserem Leben hervorbringen. Wie können wir diese Kräfte in unser Leben bringen? Wie können wir den guten Wolf füttern?

Es macht einen großen Unterschied, welche Gefühle wir tagtäglich erleben. Ärger, Neid, Groll, Angst, Neid, Eifersucht, Geiz und andere negative Emotionen dieser Art werden als schmerzvoll und bedrückend erlebt und stehen friedvollen harmonischen Beziehungen im Weg. Offenheit, Wohlwollen, Mitgefühl, Großzügigkeit, Vertrauen und dergleichen wirken hingegen wohltuend, aufbauend und tragen zu herzlichen, vertrauensvollen Beziehungen bei.

Schnell machen wir andere für unsere Gefühle verantwortlich. Der Nachbar mit dem Rasenmäher ist schuld an meiner Gereiztheit, die Partnerin an meiner Eifersucht, die ungewisse Zukunft an meiner Angst. Manche Gefühlsreaktionen sind uns so vertraut, dass wir sie als unverrückbare Charaktereigenschaften ansehen.

Mithilfe des buddhistischen Geistestrainings können wir unsere Gefühlswelt aktiv beeinflussen.

Wir können entscheiden, welchen wir folgen und welchen nicht, welche wir ausagieren und damit fördern. Dadurch können wir die positiven Kräfte, den guten Wolf, in unser Leben bringen.

## Den bösen vom guten Wolf unterscheiden lernen

Der erste Schritt auf dem Weg, positive Gefühle zu entwickeln, beginnt mit der Wahrnehmung unserer Gefühle. Im Laufe eines Tages begegnen wir vielen verschiedenen Gefühlen. Die Bandbreite kann groß sein, von Freude bis zu Trauer, Gier zu Großzügigkeit, Wut zu Mitgefühl reichen. Ein andermal kann ein Gefühl vorherrschen und alle anderen überschatten. Der Eindruck kann entstehen, den ganzen Tag ärgerlich und unzufrieden gewesen zu sein. Mit der Zeit entsteht die Überzeugung, ein ärgerlicher, unzufriedener Mensch zu sein. Wochen später gelingen uns all unsere Vorhaben, wir erleben uns erfüllt von Zufriedenheit und Glücksgefühlen, reagieren geduldig und gelassen auf Störungen und können uns nicht vorstellen, jemals wieder anders zu empfinden. In beiden Fällen identifizieren wir uns mit den herrschenden Emotionen. In einem wunderschönen Gedicht vergleicht Rumi unsere Gefühle mit ungebetenen Gästen, die spontan an der Tür erscheinen.

*Der Mensch gleicht einem Gasthaus.*
*Jeden Tag neue Besucher.*
*Freude, Niedergeschlagenheit,*
*Niedertracht,*
*klopfen unerwartet an die Tür.*

*Begrüße sie freundlich,*
*selbst den blanken Ärger,*
*der alles in deinem Haus*
*vernichtet.*

*Vielleicht schafft er Raum*
*für neue Freuden.*
*Behandle jeden Gast voller Respekt.*

*Den finsteren Gedanken, die Scham,*
*die Bosheit,*
*begrüße sie lachend an der Tür*
*und lade sie herein.*

*Danke ihnen allen für ihr Kommen,*
*denn du kannst von all ihnen*
*etwas Wichtiges lernen.*

*Rumi*

Gefühle mögen Besucher sein, manche Emotionen belastend, und doch müssen wir uns ihnen allen respektvoll nähern. Ein bloßes Unterdrücken negativer oder ein

Erzwingen positiver Gefühle führt nicht zu Offenheit, Freude und Wohlwollen. Die Grundlage in unserer Auseinandersetzung mit den Gefühlen ist die gleiche liebevolle annehmende Haltung, die wir im vorherigen Kapitel gegenüber uns selbst und anderen entwickelt haben und mit der wir bereits unseren körperlichen Erfahrungen begegnet sind.

---

**Alle Emotionen gehören zu unserem Menschsein.**

---

Die Aufgabe besteht darin, sie wahrzunehmen, tief zu verstehen und einen weisen Umgang mit ihnen zu entwickeln. Mithilfe von Achtsamkeit, Geduld und freundlichem Interesse wird uns das gelingen.

## Gefühle als Erfahrung wahrnehmen lernen

Aus mehreren Gründen ist die Wahrnehmung unserer Gefühle wesentlich anspruchsvoller als die der körperlichen Erfahrungen. Eine starke Druckempfindung können wir schwerlich übersehen oder für eine sanfte, streichelnde Erfahrung halten. Gefühle dagegen sind häufig schwieriger wahrzunehmen.

Sie können schwammig sein, ohne klar erkennbare Grenzen, und häufig treten mehrere gleichzeitig auf. Neben der Wut können Angst, Trauer oder Ohnmacht zugegen sein. Zur Freude können sich Verlustangst, Erwartungen oder Zweifel gesellen. Die Gefühle können sich zu einem Brei vermischen, in dem wir die einzelnen Aspekte schwer auseinanderhalten können. Manchmal sind Gefühle diffus und schwach, sodass sie unserer Achtsamkeit entgehen, andere verstecken sich hinter anderen und werden dadurch unsichtbar. Ein andermal sind die Gefühle derart intensiv, dass sie uns überschwemmen und wir nichts anderes mehr wahrnehmen können.

Geistesverfassungen wie Gefühle verändern unseren Körper, unsere Wahrnehmung und unsere Gedanken.

Um die Übung zu erleichtern, beginnen wir mit einfachen Geistesverfassungen wie Wachheit, Müdigkeit, Rastlosigkeit und erforschen, wie sie sich anfühlen, woran sie erkennbar sind.

Wann immer sie auftreten, spüren wir in den Körper hinein, in die Qualität der Wahrnehmung und bemerken die Art der Gedanken, die währenddessen auftauchen. Mit der Zeit wird uns die Auswirkung der verschiedenen Geistesverfassungen und Gefühle auf Körper und Geist bewusst werden. Wir fragen uns, ob Energie im Körper vorhanden ist oder nicht, ob die Wahrnehmung dumpf ist oder klar, ob die Gedanken scharf sind oder schwammig.

Je nach Geistesverfassung und Gefühlen verändern sich die Gedanken. Auf der anderen Seite können Gedanken Gefühle auslösen und antreiben. Gedanken sind schnell und verführerisch. Sie können in kürzester Zeit ein Szenario entwerfen, das absolut nichts mit der Wirklichkeit zu tun haben muss. Aus harmlosen Zusammenhängen können Schreckensereignisse kreiert werden und Angst auslösen.

---

**"**Meine Joggingstrecke führt an einem Haus vorbei, in dessen Garten sich meist mehrere Hunde aufhalten. Jedes Mal, wenn sie bellend hinter ihrem Zaun neben mir herlaufen, drängen sich Bilder auf, wie sie über mich herfallen und mich zerfleischen. Um die Angst in den Griff zu bekommen, muss ich mich ein wenig von den Gedanken entfernen. Ich steige nicht in die Geschichte ein, sondern konzentriere mich auf den gesamten Ausdruck des Gefühls mit Betonung der Körperempfindungen. Im Moment von Angst spüre ich ein Flattern im Atem, eine Schwäche in den Beinen, eine Leere im Kopf, ein Zuschnüren der Kehle. Ich nehme den Körper wahr, die rasenden Gedanken, die Verengung meiner Wahrnehmung und weiß: »Das ist Angst.« Immer wieder weite ich die Verengung und spüre meinen ganzen Körper, meine Schritte, nehme die Luft und andere Geräusche wahr. Bald verändert sich das Gefühl, weil die angstmachenden Gedanken nicht länger gefüttert werden.**"**

---

Es geht nicht darum, Gefühle und Gedanken nicht mehr ernst zu nehmen. Vielleicht liegt wirklich eine Gefahr vor. Um das überprüfen zu können, brauchen wir die Fähigkeit, ein wenig Abstand von den einnehmenden Emotionen zu gewinnen. Nur so können wir die Lage klar beurteilen. Achtsamkeit hilft, diesen Abstand zu gewinnen, ohne den Kontakt zu verlieren. Sie wendet sich der Erfahrung interessiert und unparteiisch zu, erkundet sie in allen Einzelheiten und vermittelt uns ein Bewusstsein der Erfahrung.

Ist Achtsamkeit im Spiel, bleibt Raum, nicht zu reagieren. Das Sein-Können mit der momentanen Erfahrung verleiht die Möglichkeit, frei zu entscheiden, wie wir handeln wollen. Gebe ich dem Impuls, der von der Geistesverfassung ausgeht, nach oder nicht? Können wir nichts an der Situation ändern, öffnet sich die Möglichkeit, uns zu entspannen und die Erfahrung anzunehmen, wie sie ist.

# Unbewusste Gefühle

Manche Gefühle bleiben uns allerdings unbewusst. Nichtsdestotrotz bestimmen sie unser Handeln.

---

❞Während eines längeren Retreats überraschte mich Folgendes: Ich hatte beschlossen, auf das Abendessen zu verzichten und stattdessen die Zeit für die Meditation zu nutzen. Zuvor hatte ich jahrelang in asiatischen Klöstern meditiert, wo dies üblich war. Ich brauchte kein Abendessen, dessen war ich mir sicher. Nach zwei Wochen unterbrach ich unvermittelt meine Meditation, weil ein Gedanke mir keine Ruhe ließ. Am nächsten Tag sollte ich ein Gespräch mit dem Lehrer haben. Ich wusste eigentlich, wann, aber es hätte ja sein können, dass sich der Zeitpunkt geändert hatte, was gelegentlich vorkam.

Auf dem Weg zum Anschlagbrett durchquerte ich den Speiseraum. Dabei bemerkte ich aus meinen Augenwinkeln, dass auf dem Buffettisch Honigmelonen lagen. Ich liebe Honigmelonen und bisher hatte es keine gegeben. Scheinbar unbeeindruckt ging ich am Tisch vorbei, zum Anschlagbrett, überprüfte meine Interviewzeit – die sich nicht geändert hatte –, ging zurück durch den Speiseraum zur Meditation, als ich mich auf halber Strecke unvermittelt umdrehte, aus dem Regal einen Teller nahm und sorgfältig, langsam darauf zwei Stück Honigmelone legte. Anschließend deckte ich den Teller mit Klarsichtfolie ab, schrieb meinen Namen darauf und stellte ihn in ein Fach, das für solche Zwecke gedacht war. Erst als ich die Haustür nach draußen öffnete, um meine Gehmeditation fortzusetzen, flüsterte plötzlich eine innere Stimme mir zu: »Und du bist dir wirklich sicher, dass während der ganzen Zeit keine Gier im Spiel gewesen ist?«

Ich musste innerlich lachen. Tatsächlich hatte ich sowohl den anderen wie auch mir selbst gegenüber versucht, den Eindruck zu erwecken, ich wäre während der ganzen Angelegenheit vollkommen gelassen, zufrieden und achtsam gewesen. Stattdessen hatte Verlangen mich angetrieben. Ich hatte alle Körperempfindungen achtsam wahrgenommen, aber meine Geisteshaltung völlig übersehen.❞

Gegen den Wunsch nach zwei Stück Honigmelonen lässt sich nichts einwenden. Das Bestürzende an der Geschichte liegt für mich darin, dass die Handlung ohne ein Bewusstsein der damit verbundenen Gefühle stattfinden konnte. Ist nicht die Unkenntnis unserer Emotionen und Geistesverfassung der Grund für einen Großteil der Dummheiten, die wir immer wieder begehen?

Forscher haben längst erkannt, dass Emotionen eine weit größere Rolle bei unseren Entscheidungen spielen als weithin angenommen. Viele Entscheidungen werden noch im Unbewussten getroffen, bevor die Sachlage durchdacht wurde. Unbewusste Gefühle treiben uns vor sich her wie Sklaven und können uns in allerlei Schwierigkeiten bringen. Erschwerend kommt hinzu, dass wir häufig mit mehreren Gefühlen gleichzeitig konfrontiert werden, ohne uns aller Beteiligten bewusst zu sein. Erst mit dem umfassenden Wissen dessen, was uns bewegt, erhalten wir die Möglichkeit, verantwortungsvolle Entscheidungen zu treffen.

## Sich den Zugang zu den Gefühlen wieder erschließen

Schmerzvolle Ereignisse, Hektik, Stress können dazu führen, dass Gefühle unterdrückt werden. Falls dies umfassend und dauerhaft geschieht, kann mit der Zeit der Kontakt zur Gefühlswelt teilweise oder gänzlich verloren gehen. Gefühle finden statt, aber werden nicht länger wahrgenommen.

Martin behauptet, nichts zu fühlen, weder Trauer, Wut noch Verliebtheit. Ich hingegen nehme durchaus Gefühlsregungen in seinem Wesen wahr. Vor Kurzem hat er sich verliebt, betroffen nimmt er wahr, dass andere sich über ihn in der Arbeit beschweren, er wird wütend, wenn ihn jemand beim Sprechen unterbricht. Er kann mir das berichten und behauptet dennoch, nichts zu fühlen.

Andere leben derart abgeschottet von ihren Gefühlen, dass sie sich nicht von ihrer Umwelt berühren lassen. Für Peter scheinen weder die Kinder noch die Frau oder andere Freunde zu existieren. Er lebt ganz für seinen Beruf, ist fixiert auf seine Karriere und hat den Kontakt zu seiner Gefühlswelt vollkommen verloren. Schließlich bricht er zusammen und entdeckt im folgenden Klinikaufenthalt all seine aufgestauten Gefühle wieder.

So weit muss es nicht kommen. Das Unterdrücken der Gefühle bewirkt nicht nur, dass wir Unangenehmes nicht länger spüren müssen, wir übersehen auch wichtige Warnsignale und verlieren die Fähigkeit zur Freude. Verbundenheit entsteht dadurch, dass wir auf der Gefühlsebene empfänglich sind und sowohl Trauer wie Freude miteinander teilen und nachempfinden können. Für Peter ist es anfangs äußerst schmerzvoll, seine Gefühle zu spüren. Dennoch möchte er sie nicht mehr missen. Nach Jahren der Taubheit fühlt er sich endlich wieder lebendig.

## Von Gefühlen überwältigt werden

Die nächste Schwierigkeit im Umgang mit Geisteszuständen besteht darin, dass sie einen enormen Druck ausüben können.

---

"Hans erlebt häufig große Angst. Wenn er sich in einem Raum befindet, muss er alle Personen im Blick behalten, um sich sicher zu fühlen. Sogar im Meditationsraum steigt Panik in ihm auf, sobald er nur die Augen schließt, obwohl alle Personen still auf ihrem Platz mit geschlossenen Augen sitzen.

Ursula ist übergewichtig und weiß,

dass sie dringend Gewicht verlieren muss. Trotzdem kann sie den Impulsen zu essen nicht widerstehen. Maria hat sich frisch verliebt und kann sich auf nichts anderes mehr konzentrieren. Sie schwankt zwischen Ekstase und Sorge, der neue Partner könnte sich in der Zwischenzeit in eine andere Frau verlieben.❝❝

Emotionen können uns vollkommen überschwemmen und mitreißen. In den Momenten, in denen die Gefühle aufsteigen, wird die ganze Wahrnehmung der Situation sowie die Eigenwahrnehmung von den Emotionen getränkt. Alles wird im Licht des Gefühlszustandes interpretiert, eine andere Sichtweise scheint unmöglich. Erst später, wenn das Gefühl verebbt und etwas Abstand von der Situation entstanden ist, wird ein anderer Blick auf die Sachlage möglich und damit andere Antworten und Handlungsmöglichkeiten.

## Bisheriger Umgang mit Gefühlen

Wir können unser Verhalten lenken, wenn wir die beteiligten Gefühle bemerken und deren Druck standhalten können. Der Umgang mit bestimmten Gefühlen mag von Person zu Person unterschiedlich sein, doch liegen den vielen Möglichkeiten einige wenige Grundmuster zugrunde.

> Instinktiv suchen wir nach angenehm erlebten Gefühlen, wie Freude, Erfolg oder Liebe.

Schmerzhafte, wie Trauer, Frustration oder Wut, möchten wir lieber meiden. Wir agieren dabei nicht überlegt, sondern folgen tief angelegten Antrieben und unbemerkt entstandenen Verhaltensmustern. Die Handlungen mögen von kurzfristigem Erfolg gekrönt sein, stellen sich jedoch langfristig häufig als nachteilig heraus. Die Angst verliert sich im Moment, in dem Hans seine Augen öffnet, seine Umgebung überwachen kann und niemand eine bedrohliche Geste zeigt. Ursula empfindet eine kurzfristige Befriedigung beim Essen, wird aber hinterher von Selbstvorwürfen geplagt. Maria wird von jeder SMS beruhigt, in der ihr neuer Freund ihr seine Liebe versichert, kann sich aber nicht auf ihre momentane Umgebung einlassen, sodass kein befriedigender Kontakt entstehen kann. Die unangenehmen Gefühle werden kurzfristig beseitigt, aber das zugrunde liegende Verhaltensmuster verstärkt. Hans löst seine soziale Angst nicht auf, Ursula nicht ihr Essproblem und Maria nicht ihre Minderwertigkeitsgefühle.

Eine tiefgreifende Veränderung wird erst möglich, wenn wir unseren Umgang mit unangenehmen Gefühlen erkennen und verstehen. Normalerweise stehen uns zwei Möglichkeiten im Umgang mit unangenehmen Gefühlen zur Verfügung: Entweder wir unterdrücken sie oder wir leben sie aus.

## Unterdrücken von Gefühlen

Welche Gefühle unterdrückt werden, wird von der Art unserer Sozialisierung mitbestimmt. Begann die Unterdrückung bereits in früher Kindheit, ist es besonders schwierig, sie überhaupt als Erfahrung wahrzunehmen. Maria wuchs in einer Familie mit zahlreichen Konflikten auf. Dort gab es wenig Raum für ihre Wünsche. Seither hat sie enorme Schwierigkeiten, Wünsche wahrzunehmen. Minderwertigkeitsgefühle vermitteln ihr, dass sie es nicht verdient hat, glücklich zu sein. Daraus wächst auch ihre tiefe Sorge, ihr Freund könnte es nicht ernst mit ihr meinen.

Angst vor möglichen Konsequenzen kann ein weiterer Grund sein, Gefühle zu unterdrücken. Lara berichtet, dass sie ihre Frustration über ihre Arbeit gar nicht genau wahrnehmen möchte, weil sie sich dann gezwungen sähe, etwas zu verändern. Das würde eine tiefe Verunsicherung hervorrufen.

*Phänomene wie Ausgebrannt-sein entstehen durch das Missachten von Gefühlen.*

Betroffene Personen wehren sich lange gegen Anzeichen von Erschöpfung, abnehmender Lebensfreude, zunehmender Angst – bis am Ende der Körper zusammenbricht. Zerrüttete Ehen können aufrechterhalten werden durch Unterdrückung von Ärger, Frustration und Sehnsüchten.

Aber das reflexartige Unterdrücken von Gefühlen führt zu einem Verlust an Lebenskraft und Lebendigkeit.

## Ausleben von Gefühlen

Eine andere Möglichkeit des Umgangs mit Gefühlen ist das Ausleben ihrer Impulse. Empfinden wir zum Beispiel Ärger, Wut oder Rachsucht, drängt es uns danach, gegen jemanden vorzugehen. In dem Moment, in dem wir unseren Ärger ausgedrückt haben, erleben wir eine kurzfristige Befriedigung und sind von dem Gefühl des Ärgers befreit. Erst etwas später, wenn unser Blick sich weitet, das

Herz offener wird und wir uns bewusst werden, wie sehr wir die andere Person verletzt haben, können sich Scham, Schuldgefühle oder Angst einstellen.

Bei genauerer Betrachtung lässt sich erkennen, dass jeder Zornausbruch uns selbst verletzt. Der Zorn verleiht einerseits ein Gefühl von Stärke, andererseits erzeugt er eine große Anspannung und innere Zerrissenheit.

Ähnliches gilt für Gier und Verlangen. Sie rufen ein Unbehagen, eine Spannung hervor, die sich auflöst, wenn das Gewollte erlangt wird. Die Freude an dem Erworbenen kann länger anhalten, weitaus häufiger allerdings verblasst das Herbeigesehnte im Moment des Erlangens.

Gier wie Wut rufen unangenehme Empfindungen hervor, die wir loswerden möchten. Bekommen wir, was wir wollen, oder können wir loswerden, was wir nicht wollen, löst sich die Spannung auf und damit kehrt ein Zustand von Zufriedenheit zurück. Dieser hält an, bis zum nächsten Verlangen nach etwas oder zur nächsten Abneigung gegen etwas. Keine Sorge, es wird in der Regel nicht lange dauern, bis der nächste Anlass auftaucht. Ein Tag der Beobachtung reicht, um zu bemerken, wie sehr uns die Kräfte des Verlangens und der Abneigung auf Trab halten. Je öfter bestimmte Gefühle und Reaktionsmuster ausgelebt werden, desto leichter können sie bei nächster Gelegenheit wieder auftauchen.

---

99Letztens wollte ich endlich einmal wieder Semmelknödel essen. In Berlin stehen sie in Restaurants gewöhnlich nicht auf der Speisekarte, also musste ich sie selbst zubereiten. Dafür brauchte ich alte Brötchen. Ich ging in eine Bäckerei, kaufte ein paar, um sie ein, zwei Tage liegen zu lassen. Nach mehreren Wochen lagen die Brötchen immer noch im Schrank. Die Begierde hatte sich in dem Moment aufgelöst, in dem ich die Brötchen gekauft hatte – zuvor hatte mir der Wunsch keine Ruhe gelassen.66

---

99Vor ein paar Jahren begann ich nach langer Pause, wieder Auto zu fahren. Ich war überfordert von der Aggressivität im Straßenverkehr und wurde immer wieder wütend, wenn mich jemand drängelte oder mir die Vorfahrt nahm. Anfangs ließ ich der Wut freien Lauf. Nach einer Weile entdeckte ich, dass ich immer schneller wütend und mein eigener Fahrstil aggressiver wurde. Autofahren begann, eine leidvolle Angelegenheit zu werden. Nach jeder Fahrt war ich erschöpft, angespannt und schlecht gelaunt. Ich beschloss, mein Verhalten zu ändern und meinem Ärger nicht länger nachzugeben. Es gelang mir, indem ich mich darin übte, ihn zu bemerken und zu spüren, ohne den wütenden Gedanken recht zu geben. Stattdessen dachte ich gezielt versöhnliche wie: »Vielleicht hat die Person es gerade eilig. Die Person ist fortgerissen von ihrer Ungeduld oder Lust am schnellen Fahren. Sie denkt keinen Moment an die möglichen Risiken.❝❝

---

Das ist keineswegs sentimentales positives Denken, sondern angewandte Weisheit. Hinter solchen Gedanken stehen meine eigenen Erfahrungen mit entsprechenden Situationen. Auch ich war schon in Eile und fuhr dann bedeutend schneller, nahm anderen kurzerhand die Vorfahrt, drängelte mich in eine kleine Lücke und dachte nicht an mögliche Konsequenzen. Vielleicht möchte die Person auch einfach nur schneller sein als andere und diesen Kick erleben, der davon kommt. Ihr fehlt die Weisheit, sie handelt erfüllt von diesem Gefühl und kennt keine andere Möglichkeit. Aber kann ich ihr das vorwerfen?

Letzten Endes habe ich keine Ahnung, was andere Autofahrer bewegt. Doch was spricht dagegen, etwas Versöhnliches anzunehmen anstatt etwas Gemeines und dadurch statt Ärger innere Gelassenheit zu erfahren? Der Grund liegt in meinen Denkgewohnheiten. Das Gewohnte fühlt sich auf den ersten Blick richtig an. Was tatsächlich zutrifft, muss in jedem Einzelfall überprüft werden. Inzwischen habe ich beim Autofahren bewusst mein Denken verändert, immer wieder, und erfahre dadurch bedeutend mehr Freude und schone meine Nerven.

Solange wir in Gier und Ablehnung und deren Kinder verstrickt sind, solange haben geistige Zustände wie Großzügigkeit, Offenheit, Liebe, Mitgefühl und Bescheidenheit keine Möglichkeit, sich zu zeigen. Sie finden neben den anderen einfach keinen Platz.

---

Können wir die negativen Kräfte eindämmen, sind die positiven nicht weit entfernt.

---

Großzügigkeit, Liebe und Bescheidenheit sind Ausdruck des offenen Herzens, ausgesprochen angenehm und führen zu tragenden Verbindungen mit anderen. Wann immer wir derartige Geistesregungen empfinden, dürfen wir in sie eintauchen, sie ausdrücken und dadurch in uns stärken. Sie bringen Freude, Verbundenheit und Vertrauen in unser Leben.

# MEDITATION MIT GEFÜHLEN UND GEISTESZUSTÄNDEN

Nehmen Sie die Sitz- oder Liegeposition für die Meditation ein.
Lassen Sie sich einen Moment Zeit, im Hier und Jetzt anzukommen, sich zu ent-
spannen, sich selbst freundlich zu begrüßen, und nehmen Sie dann Kontakt mit
Ihrem Atem auf.

- Werden Sie sich bewusst, dass Sie einatmen und ausatmen, ohne nach
  etwas anderem zu suchen.
- Warten Sie, bis Ihr Geist etwas ruhiger und klarer geworden ist. Öffnen
  Sie dann Ihr Gewahrsein und fragen Sie sich, wie es Ihnen gerade geht.
  Sind Sie müde oder wach, konzentriert oder zerstreut, ruhig oder rastlos?
- Vielleicht fällt Ihnen Rastlosigkeit auf. Begleiten Sie die Wahrnehmung
  des Geisteszustandes mit einem stillen Flüstern »rastlos«, »rastlos«.
- Spüren Sie in Ihren Körper hinein und nehmen Sie die einhergehenden
  körperlichen Symptome wahr, etwa ein Beben, Zittern, Pulsieren in ver-
  schiedenen Körperregionen.
- Bemerken Sie auch die Abwesenheit solcher Empfindungen in anderen
  Körperbereichen.
- Wie würden Sie Ihren Geist während der Rastlosigkeit beschreiben?
  Als klar oder verwirrt, gelassen oder erregt, wach oder schlaff?
- Bemerken Sie die Qualität Ihres Denkens. Handelt es sich um zahlreiche
  kunterbunte Gedankenfetzen oder reihen sich die Gedanken ruhig
  aneinander?

- Kehren Sie während Ihrer Beobachtung des Geisteszustandes immer wieder kurz zum Atem zurück, um Ihre Achtsamkeit zu stabilisieren. Falls Sie nach einer Weile eine Veränderung Ihres Geisteszustandes feststellen, bemerken Sie den Wandel. Versuchen Sie herauszufinden, inwieweit er sich verändert hat. Sind Sie jetzt besorgt oder etwas gelassener oder schläfrig? Falls ein geistiger Zustand länger anhält und Sie nichts Neues an ihm entdecken, kehren Sie wieder zurück zur Wahrnehmung des Ein- und Ausatmens.

- Als Nächstes mag eine Erinnerung auftauchen, vielleicht hat Sie jemand gekränkt. Der drängende Wunsch steigt auf, zum Telefon zu greifen und die Situation zu klären. Doch die Meditation ist noch nicht vorüber. Bleiben Sie sitzen und machen Sie die Wut darüber zum Meditationsobjekt. Ein solches Gefühl wird von bestimmten Gedanken begleitet. Versuchen Sie, die Geschichte an der Seite stehen zu lassen, was zugebenerweise etwas Übung braucht, und spüren Sie in Ihren Körper und Geist hinein, wie diese sich jetzt anfühlen. Sie waren schon zigmal aus unterschiedlichen Anlässen ärgerlich in Ihrem Leben. Woran erkennen Sie, dass es sich um Ärger handelt? Es ist nicht die Geschichte, denn diese ist austauschbar, es ist etwas Grundsätzlicheres in Körper und Geist.

- Erkunden Sie Ihren Körper, die verschiedenen Regionen, spüren Sie hinein, wo sich etwa eine Spannung aufgebaut hat, wie Sie Ihre geistige Verfassung beschreiben würden, die Qualität Ihrer Gedanken – schnell, langsam, aufgeregt, hitzig oder ruhig überlegt. Falls der Ärger sich auflöst und die Geschichte verschwindet, bemerken Sie diese Veränderung, ohne das Ereignis aktiv zurückzuholen. Kehren Sie anschließend zurück zum Atem.

- Ein wenig später mag Ihnen Freude auffallen. Wenden Sie sich jetzt diesem Gefühl zu und untersuchen Sie es genauso neutral wie die negativen Gefühle zuvor.

- Lässt sich kein anderes Gefühl feststellen, bleiben Sie entspannt beim Atem.

- Falls während der Meditation kein Gefühl auftauchen sollte, so ist das nicht gleich ein Zeichen, dass Gefühle verdrängt wurden. Gefühle sind nicht immer gegenwärtig.
- Am Ende der Meditation ruhen Sie noch ein paar Momente mit Ihrer Achtsamkeit in Ihrem Atem. Halten Sie sich Ihre Entdeckungen noch einmal vor Augen.

## Das Werkzeug des Benennens

Ein sehr hilfreiches Werkzeug im Umgang mit geistigen Erfahrungen ist das Benennen. Still im Geist wird die gemachte Erfahrung mit einem kurzen Wort umrissen, »Freude«, » Freude«, »Freude« oder »Angst«, »Angst«, »Angst«. Der Tonfall, in dem wir das tun, verrät gleichzeitig, ob wir der Erfahrung tatsächlich offen gegenübertreten oder sie ein wenig ablehnen oder befürworten. Dementsprechend schroff oder süßlich wird der Ton ausfallen.

Falls die direkte Beschreibung der Erfahrung noch nicht genügend Raum für das achtsame Wahrnehmen des Gefühls schafft, kann die Art des Benennens variiert werden. Die Erfahrung wird in passiver Sprache ausgedrückt: »Angst findet statt«, »Wut wird erfahren«, »Freude findet statt«. Die passive Sprache schafft eine größere Distanz zwischen uns und der intensiven Erfahrung, was ein achtsames Wahrnehmen möglich werden lässt. Eine weitere Variante besteht darin, Interesse an der Erfahrung zu wecken, in dem wir still im Geist flüstern: »Ah, Angst fühlt sich so an.« – »Wut fühlt sich so an.« – »Freude fühlt sich so an.« Interesse öffnet den Geist, wir wenden uns der Erfahrung zu statt von ihr ab. Wir möchten sie nicht loswerden, sondern zulassen, denn wir wollen herausfinden, wie sie sich anfühlt.

## Bewusstes Aussteigen aus der Erfahrung

Wenn wir trotz des Benennens von der emotionalen Erfahrung überwältigt werden, ist es legitim, bewusst auszusteigen und sich abzulenken. Wir können die Achtsamkeit auf andere Orte des Körpers lenken wie unseren großen Zeh oder den ganzen Körper, oder wir lesen etwas, schauen fern, gehen joggen, rufen jemanden an, was auch immer hilft.

---

❞Sabine wird in der Meditation mit Selbsthass konfrontiert. Manche Wellen sind so stark, dass sie dem Impuls nicht widerstehen kann, sich blutig zu kratzen. Sie taucht kurzfristig vollkommen in den Gefühlen unter und verliert die Achtsamkeit. Ich lasse sie anstrengende Tätigkeiten im Garten durchführen und schicke sie auf lange Spaziergänge. Nach einer Weile fühlt sie sich stabiler und ausgeglichener, die Ablenkung unterbricht den Kreislauf der aggressiven Gedanken. Der Hass mindert sich auf ein handhabbares Maß. Sie kann ihn in der Meditation wieder zulassen und dabei achtsam bleiben. Die liebevolle annehmende innere Berührung im Raum der Achtsamkeit führt dazu, dass er langsam abebbt.❝

---

## Aussöhnung mit meinen Gefühlen

Der Schritt zur Versöhnung mit mir selbst und anderen wächst aus wachsenden Einsichten in das Spiel der Gefühle.

Zu bemerken, wie wir unbewusst von Gefühlen wie Gier, Ärger oder Angst getrieben werden, wie machtlos wir ihnen oft gegenüberstehen, selbst wenn wir sie wahrnehmen, wie viel Erfahrung, Geistesgegenwart und Geisteskraft wir brauchen, um ihnen zu widerstehen, öffnet nach anfänglicher Frustration den Weg für Milde und Nachsicht.

> Alle Gefühle sind nur momentane Besucher im Geist.

Wenn wir während des Tages immer wieder auf unsere Gefühle achten, wird uns auffallen, dass keines ständig bleibt. Alle lösen sich nach einer Weile auf, ganz von selbst. Unsere Gefühle und Emotionen wollen uns überreden, ihnen zu folgen. Wenn wir das tun und entsprechend handeln, werden sie größer, folgen wir ihnen nicht, verschwinden sie einfach. Diese Einsicht ermöglicht einen Neuanfang mit uns selbst, anderen Personen und Situationen.

Halten wir an vergangenen negativen Erfahrungen und den damit verbundenen negativen geistigen Zuständen fest, dann stärken wir diese negativen Energien in uns. Achtsamkeit lässt uns erleben, wie schmerzvoll diese Geisteszustände sind.

Mithilfe der lösenden Kraft der Achtsamkeit und durch Vergeben können wir sie langsam hinter uns lassen.

Versöhnung ist der letzte Schritt, der uns von schmerzhaften Erinnerungen befreit, wieder öffnet und den guten Kräften in uns Raum verschafft. Durch eine gezielte Reflexion können wir die Versöhnung mit uns selbst und mit anderen einladen. Dazu steht uns traditionell eine Versöhnungsmeditation zur Verfügung.

## MEDITATION DER VERSÖHNUNG

Lassen Sie sich Zeit, auf Ihrem Meditationssitz anzukommen, entspannen Sie sich, so gut es geht, und verweilen Sie ein paar Minuten mit Ihrem Atem. Dann erinnern Sie sich an einen Moment, in dem Sie sich heute oder in den vergangenen Tagen ein wenig selbst verletzt haben, entweder durch Gedanken über sich selbst oder mit Worten oder Taten. Lassen Sie die Erinnerung einen Moment wirken und spüren Sie den Schmerz und die Reue hierüber. Falls starke Schuldgefühlen aufwallen, ankern Sie sich gut in der Achtsamkeit, indem Sie im Hintergrund zusätzlich Ihren Atem spüren. Dann öffnen Sie die Augen und lesen folgende Sätze:

☙ Auf welche Weise auch immer ich mich verletzt habe,
  wissentlich oder unwissentlich,
  in Gedanken, mit Worten oder Taten,
  aus Angst, Ärger oder Verwirrung,
  ich vergebe mir; soweit es mir in diesem Moment möglich ist.

- Lassen Sie die Sätze eine Weile in sich wirken. Sie sollen in Erinnerung bringen, dass hinter dem verletzenden Verhalten andere schmerzvolle Gefühle stehen können und es meist unabsichtlich geschieht.

- Anschließend wenden Sie sich einer Situation zu, in der Sie jemand anderen verletzt haben oder verletzt haben könnten. Spüren Sie den Schmerz des anderen sowie Ihren eigenen hierüber. Machen Sie sich bewusst, dass auch in diesem Fall Unachtsamkeit, Unwissenheit, Angst, Gier oder momentaner Ärger die treibenden Kräfte dahinter waren.

- Dann nehmen Sie Verbindung mit Ihrem liebevollen Herzen auf, öffnen die Augen und lesen die folgenden Sätze:

Auf welche Weise auch immer ich dich/andere verletzt habe,
wissentlich oder unwissentlich,
in Gedanken, mit Worten oder Taten,
aus Angst, Ärger oder Verwirrung,
ich bitte dich/euch um Vergebung; soweit es dir/euch in diesem Moment möglich ist.

- Lassen Sie die Sätze wieder eine Weile wirken, bevor Sie sich im letzten Schritt den Verletzungen zuwenden, die andere Ihnen zugefügt haben. Beginnen Sie mit einer kleinen Kränkung.

- Stellen Sie sich die Situation noch einmal vor. Wahrscheinlich haben Sie bereits eine verurteilende Erklärung parat, warum der andere so gehandelt hat. Versuchen Sie, andere Sichtweisen einzunehmen. Vielleicht hat der andere sein Handeln nicht beabsichtigt oder bemerkt, vielleicht war er in seinen Ängsten verstrickt oder ohne jegliche Bewusstheit getrieben von Ärger oder Geltungssucht. Nachdem wir zuvor ähnliche Verhaltensweisen in uns entdeckt haben, mag es möglich sein, durch solche Überlegungen versöhnlicher auf die Schwächen des anderen zu reagieren.

- Formulieren Sie jetzt die Sätze und lassen Sie sich überraschen, ob sich etwas in Ihnen verändert:

Auf welche Weise auch immer du/andere mich verletzt haben,
wissentlich oder unwissentlich,
in Gedanken, mit Worten oder Taten,
aus Angst, Ärger oder Verwirrung,
ich vergebe dir/euch; soweit es mir in diesem Moment möglich ist.

- Lassen Sie auch diese Sätze ein wenig wirken. Falls Sie eine kleine Erleichterung spüren, kosten Sie sie aus.
- Am Ende können Sie noch ein paar Minuten still mit Ihrem Atem oder mit den Wünschen der liebevollen Güte aus dem vorherigen Kapitel meditieren.
- Bewerten Sie das Ergebnis nicht und beginnen Sie mit geringfügigen Ereignissen.

## Impuls

*»Ich umarme meine Gefühle und nehme sie wahr, wie sie sind.«*

## Während des Tages

Gleich nach dem Aufwachen können Sie einen Moment innehalten und sich fragen, wie es Ihnen gerade geht. Würden Sie sich als gut gelaunt, traurig, missmutig, einsam beschreiben oder empfinden Sie kein besonderes Gefühl? Wonach ist Ihnen? Möchten Sie eine Tasse Kaffee? Bevor Sie aufstehen, spüren Sie in sich hinein und versuchen Sie, das Verlangen selbst als Erfahrung zu erfassen. Wie fühlen sich Körper und Geist an, wenn Sie etwas möchten? Sobald Sie die Tasse Kaffee in der Hand halten und beginnen zu trinken, wie verändert sich der geistige Zustand? Kehrt Zufriedenheit ein? Wie fühlen sich Körper und Geist an? Setzen Sie die Übung mehrmals, über den Tag verteilt, fort. Lassen Sie sich zu bestimmten Zeiten durch ein Tonsignal daran erinnern, Ihre Gefühle, Stimmungen und Geistesverfassungen wahrzunehmen. Im Allgemeinen fallen uns nur sehr starke Erregungen auf, leisere Gefühle werden leicht übersehen und können dennoch handlungsweisend sein.

Am Abend können Sie kurz Revue passieren lassen und sich die zahlreichen erlebten Geisteszustände vor Augen führen.

## Für das Retreat zu Hause

Sobald Sie ein gewisses Maß an Stabilität in Ihrer Achtsamkeit gewonnen haben, die Wahrnehmung klarer geworden ist, Sie etwas länger am Stück achtsam bleiben, beginnen Sie damit, auftauchende Geisteszustände mit in Ihre Achtsamkeit einzuschließen. Achten Sie darauf, dass Ihre Achtsamkeit klar und unparteiisch bleibt. Fassen Sie keine festen Entschlüsse für die Zukunft, sondern warten Sie den weiteren Verlauf des Retreats und sein Ende ab. Durch die wachsende Konzentration können sich Emotionen verdichten, aus einer kleinen Angelegenheit ein großes Drama werden. Falls Sie in bestimmten sehr schmerzhaften Gefühlen stecken bleiben, dürfen Sie sich eine Pause gönnen. Gehen Sie spazieren, trinken Sie eine warme Tasse Tee. Kehren Sie regelmäßig zu Ihrem Körper zurück, um weiterhin Ihre Sammlung und Achtsamkeit zu stärken.

# 5
## *Den Gedanken die*
# MACHT
## *entziehen*

Wir ergründen die Natur unseres
Denkens und entlarven und beenden
destruktive Gedanken.

*Ein Redner hielt einen Vortrag über die Macht der Worte und über deren großen Einfluss auf unser seelisches und körperliches Befinden.*

*Da rief einer der Zuhörer dazwischen: »Worte haben keine Macht über mich. Das sind doch nur Buchstaben. Bloß weil ich mir sage, es geht mir gut, ändert sich doch nichts an meinen Gefühlen.«*

*Der Redner rief dem Zuhörer zu: »Halt dein Maul, du blöder Hund. Du hast ja gar keine Ahnung.«*

*Der Zuhörer geriet außer sich, sein Gesicht lief rot an.*

*Da hob der Redner seine Hand und sagte: »Entschuldigen Sie bitte. Ich wollte Sie nicht beleidigen. Es tut mir sehr leid.«*

*Als der Zuhörer sich wieder beruhigt hatte, erklärte der Redner sein Verhalten: »Sehen Sie, das war meine Antwort auf Ihren Einwand, Worte hätten keine Macht. Schon wenige beleidigende Worte meinerseits genügten und Sie wurden ärgerlich, während ein paar Worte der Versöhnung Sie beruhigten. Verstehen Sie nun die Macht der Worte?«*

Die Macht unserer Gedanken kann eine große Hürde darstellen, wenn wir uns von schwierigen Verhaltensmustern trennen und inneren Frieden und Freiheit erlangen wollen. Gedanken nehmen eine zentrale Stelle in unserem Leben ein. Wir glauben ihnen häufig blind und geben unseren Interpretationen, Ansichten und Meinungen Ausdruck in Worten und Handlungen. Manchmal möchten wir die Gedanken abstellen, doch gelingt dies höchstens kurzzeitig. Immer wieder fühlen wir uns den Gedanken ausgeliefert und können uns nur schwer von ihrem Inhalt lösen.

Eine genaue Betrachtung der Gedanken enthüllt, dass das Denken eine Grundfunktion des Geistes ist, ein Prozess, der selbstständig auf der Grundlage alter Gewohnheiten und Informationen vonstattengeht, unabhängig davon, ob er richtig, sinnvoll und hilfreich ist. Daraus ergibt sich, dass das, was ich denke, nicht notgedrungen wahr sein muss, sondern bloß einen Versuch darstellt, die vorliegende Situation sinnvoll zu begreifen. Zu keinem anderen Zweck ist unser Denken biologisch ausgerichtet. Je klarer wir erkennen, dass Denken ein biologischer Prozess ähnlich dem des Atmens ist, desto leichter können wir den Inhalt der Gedanken verifizieren, uns gegebenenfalls distanzieren und alte, unstimmige, destruktive Gedankenmuster fallen lassen.

Stattdessen entwickeln wir hilfreiche Gedanken.

In den vorangegangenen Kapiteln haben wir Gedanken am Rande wahrgenommen. Anfangs, als wir die Achtsamkeit auf den Körper richteten, haben wir ablenkende Gedanken kurz bemerkt und dann beiseitegestellt. Bei der Auseinandersetzung mit den Gefühlen wurde die Qualität der Gedanken einbezogen. Es ging darum festzustellen, ob es sich um ärgerliche, ängstliche, freudvolle Gedanken handelte, aber auf eine genauere Betrachtung des Denkens selbst wurde verzichtet. Jetzt wenden wir uns mit der Achtsamkeit explizit dem Denken zu.

## Das ziellose zerstreute Denken

Spätestens mit der ersten Meditation fällt auf, dass Gedanken uns unbeabsichtigt fortreißen können. Wir möchten den Atem betrachten und denken stattdessen an unseren nächsten Urlaub, überlegen, welches Hotel wir buchen, imaginieren uns schlendernd am Strand, wo wir einer äußerst netten, attraktiven Person begegnen, uns unsterblich verlieben – und plötzlich bemerken, dass wir uns weder unseres Atmens noch des Denkens bewusst waren. Wir sind überrascht darüber, wie das geschehen konnte. Wir kehren zum Atem zurück, nur um uns zwei Sekunden später in einer Auseinandersetzung mit unserem Ex-Partner wiederzufinden. Auch dies fällt uns erst im Nachhinein auf. Bei der dritten Ablenkung planen wir unseren Einkauf, Tagesablauf oder was wir heute anziehen. Wir dachten, wir wären Herr unserer Gedanken, aber beim Anblick des zerstreuten Denkens müssen wir uns das Gegenteil eingestehen.

## Die positive Bedeutung des Denkens

Meist wird das ziellose zerstreute Denken als störend empfunden. Daher sehen viele irrtümlicherweise im Verebben von Gedanken das Ziel der Meditation. Doch Gedanken spielen in vielen Bereichen unseres Lebens eine große und durchaus nützliche Rolle. Unserem Denken verdanken wir viele technische Errungenschaften, die wir kaum mehr missen möchten. Mithilfe von logischem Denken können wir Problemen auf den Grund gehen und Lösungen finden, mögliche Schwierigkeiten antizipieren und uns entsprechend vorbereiten. Denken ist die Grundlage von Erinnerungen, aus denen wir lernen können. Mithilfe von Gedanken können wir Situationen sachlich beschreiben, uns mitteilen und sinnvolle Pläne entwickeln. Unsere gesamte kognitive Verarbeitung beruht auf Denken. Unser Denken einfach auszuschalten wäre fatal. Es würde uns zu willenlosen Wesen degradieren, die funktionsunfähig stumm herumsitzen würden. Kaum jemand würde dies freiwillig wollen.

## Das Gefängnis der Meinungen, Vorstellungen und Urteile

Neben all den Vorteilen, die das Denken mit sich bringt, errichten Gedanken die inneren Gefängnisse, in denen wir unser Leben führen, indem sie sich zu fixen Meinungen, Ansichten und Urteilen verfestigen. In Gedanken erzählen wir uns, wie gut wir sind, was richtig und was falsch ist, was ich darf und was nicht. Solche Meinungen beeinflussen unsere Entscheidungen, was wir uns zutrauen, wie wir uns anziehen, welchen Beruf wir wählen.

---

**"** Dagmar erzählt mir, dass sie der Meinung ist, handwerklich unbegabt zu sein. Keinen Nagel kann sie gerade in die Wand hauen. Also versucht sie es erst gar nicht. Als sie sich nach langem Zuspruch endlich traut, landet der Nagel natürlich verbogen in der Wand. Die Erfahrung bestätigt ihr Urteil über ihre mangelnden handwerklichen Fähigkeiten. Aber ich kenne keine Person, deren Nagel beim ersten Mal nicht krumm und schief in der Wand endet. Ohne Übung kann kaum jemand einen Nagel gerade in eine Wand hauen. **"**

---

Wir mögen erfolgreich im Beruf sein und dennoch der Überzeugung sein, nicht viel zu können. Wir mögen eine Wohnung unser Eigen nennen, über ein gut bestücktes Bankkonto verfügen, ein großes Auto fahren und dennoch der Meinung sein, wir wären nicht vermögend genug. Wir mögen eine liebevolle, attraktive Partnerin haben und betrachten uns nichtsdestotrotz als nicht liebenswert und unattraktiv.

Selten stellen wir unsere Meinungen infrage, und selbst wenn, fällt es schwer, sich gewohnten Gedanken zu entziehen.

---

**"** Maria meint zu dick zu sein. Ich bin völlig überrascht, weil sie grazil und schlank ist. Jeglicher Einwand meinerseits scheitert an ihrer festen Meinung. Sie kann sich selbst nicht anders sehen.

Peter ist überzeugt davon, ein Versager zu sein. Jeder kleinste Misserfolg bestätigt dieses Urteil, sei es, dass er seinen Atem nicht fortgesetzt beobachten kann, sich in der Meditation nicht konzentrieren kann. Die Momente, in denen es ihm wider Erwarten gelingt, werden als Ausnahmen interpretiert.**"**

---

Meinungen, Vorstellungen und Urteile tragen zur Entwicklung bestimmter Gefühle bei. Wenn ich der Meinung bin, wertlos zu sein, dann entstehen Minderwertigkeitsgefühle, Eifersucht und Neid. Bin ich stattdessen der Meinung, geliebt und geschätzt zu werden, folgen Selbstvertrauen, Mut und Gelassenheit, selbst wenn ich Schwierigkeiten begegne.

### Gefühle bestätigen Gedanken, Gedanken prägen Gefühle und Wahrnehmung.

Solange entsprechende Gedanken im Hintergrund operieren, kann man sich den daraus folgenden Gefühlen kaum entziehen.

Gleichermaßen prägen Urteile und Vorurteile gegenüber anderen unsere Beziehungen zu ihnen. Menschen, die wir als unfreundlich erlebt haben, begegnen wir fortan mit Vorbehalt. Andere, die unseren Idealen entsprechen, verehren wir, ganz gleich, was sie tun. Menschen fremder Kulturen begegnen wir aufgeschlossen oder argwöhnisch, je nachdem, welche Meinung wir über sie haben.

Dementsprechend formen Gedanken die Art und Weise, wie wir das Leben, uns selbst und andere erleben. Lassen wir den Gedanken freien Lauf, so treiben sie uns vor sich her. Sie können hemmen, bedrücken, lähmen und mein Verhältnis mit anderen durch Verurteilungen trüben. Sie können mich aber auch anspornen, aufbauen und mir wertvolle Hinweise geben.

Tatsächlich steckt in der Beobachtung der ablenkenden Gedanken die wichtige Erkenntnis, dass wir keine Kontrolle über unser Denken besitzen. Statt der Versuchung zu folgen, mit Gewalt die Kontrolle zurückzugewinnen, kann eine tiefere Betrachtung des Denkens selbst uns vom Diktat der Gedanken befreien, sodass wir unser Denken sinnvoll nutzen können.

## Gedanken als Ideologien erkennen

Gedanken üben nicht nur auf uns eine enorme Macht aus, sondern auch in unserer Gesellschaft. Viele Gedanken ereignen sich unbemerkt und hinterlassen dennoch eine tiefe Wirkung. Ebenso unbewusst wird Gedankengut aus der Umgebung aufgegriffen, weiterverfolgt

und in das eigene Denken integriert. Werbestrategen, Politiker und Meinungsmacher nutzen diesen Umstand aus.

Zigmal gedacht, verdichten sich Gedanken zu Überzeugungen, Vorurteilen, Ideologien, die sich auf uns übertragen und für die Menschen bereit sind, zu kämpfen, zu töten und zu sterben. Unsere eigenen und in unserer Kultur gängigen Meinungen fühlen sich völlig selbstverständlich und wahrhaftig an. Auf Menschen anderer Bräuche können sie dagegen seltsam oder bedrohlich wirken. Die Gleichberechtigung der Frau begann sich erst im letzten Jahrhundert in der westlichen Kultur durchzusetzen. Heute erscheint uns die Ansicht, Frauen hätten nicht die gleichen Fähigkeiten, abwegig. In vielen anderen Kulturen hingegen ist diese alte Auffassung noch tief verankert.

Meinungen, Vorstellungen und Urteile stellen sich immer wieder als fehlerhaft heraus. Dennoch können sie eine große

Kraft ausüben, fast einen Sog, dem wir uns manchmal nur schwer entziehen können. Nicht einer Meinung zu sein ist potenziell konfliktträchtig. Abweichende Meinungen von der Allgemeinheit führen schnell zu einer Außenseiterposition in Gruppen und Gesellschaft. Als angeborene Sozialwesen versuchen die meisten Menschen, dies instinkthaft zu vermeiden.

# Der vergleichende Geist

Im Angesicht der negativen Auswirkungen von Urteilen stellt sich sicher die Frage, ob sich das Bilden von Meinungen nicht abstellen ließe. Urteile und Meinungen gehen auf die Grundfunktion des Vergleichens zurück. Dies können wir bereits in der Meditation bemerken. Eine Meditationsperiode wird reflexartig mit der vorherigen verglichen und ruft ein Urteil hervor. In Meditationskursen höre ich laufend Aussagen wie: »Heute lief die Meditation ganz gut.« – »Nein, gestern hätte ich mir die Meditation auch schenken können, so unkonzentriert, wie ich war.« Oder die eigenen Erfahrungen werden mit denen anderer verglichen. Isabelle erzählt im Gespräch, dass sie in einer Meditationssitzung große Ruhe und Konzentration erfahren hat, worüber sie sehr glücklich ist. Daraufhin beginnt

Peter seinen Bericht über seine Meditationspraxis mit der Einleitung: »Ich habe nicht viel zu berichten«, da er mit Unruhe und Müdigkeit konfrontiert war.

Das Vergleichen und Beurteilen von Situationen ist hier zwar störend, doch verbirgt sich dahinter eine notwendige Grundfunktion des Geistes, die uns die Orientierung in einer hoch komplexen Umgebung ermöglicht. Mithilfe der Vergleiche, Bewertungen und Urteile wird ein Selbstbild geschaffen, das in eine der Situation angemessene Beziehung treten kann. Am Arbeitsplatz wird die Rolle der Abteilungsleiterin oder der Angestellten eingenommen, zu Hause die der Mutter oder der Tochter, am Elternabend verhält sich die Lehrerin anders gegenüber den Eltern als gegenüber den Schülern und Schülerinnen.

Dieser an sich hilfreiche Denkprozess, der die Rollen und Aufgaben in verschiedenen Situationen klärt, wird sichtbar problematisch, wenn zum Beispiel eine übermäßig starke Identifikation stattfindet, sodass an der Rolle auch außerhalb der jeweiligen Situation festgehalten wird.

Das Vergleichen mit anderen löst häufig ein Konkurrenzverhalten aus. Tief in uns angelegt ist der Wunsch, besser zu sein als andere. Auch in einem Retreat lässt sich das Konkurrenzverhalten beobachten.

Peter hat eine Arthrose im Knie, möchte aber dennoch im Schneidersitz auf dem Boden meditieren. Die Schmerzen werden nach fünfzehn Minuten unerträglich, er muss die Position wechseln, wofür er sich verurteilt, weil alle anderen bewegungslos stillsitzen. Hört er aber jemand anderen, der die Position ebenfalls verändert, so atmet etwas in ihm auf.

Wenn wir in Konkurrenz treten und unser Selbstwertgefühl davon abhängt, besser als andere zu sein, erleben wir keinen dauerhaften Frieden. Jederzeit kann jemand auftauchen, der besser ist als wir, und unser Selbstbild bedrohen. In all diesen Beispielen ist nicht das Denken selbst das Problem, sondern unsere bedingungslose Identifikation damit. Durch einen tiefen Blick in das Wesen der Gedanken können wir diese lockern und dadurch unser Denken hilfreich einsetzen.

## DIE BEOBACHTUNG DES DENKENS IN DER MEDITATION

Setzen Sie sich nieder, kommen Sie an im Moment, an diesem Ort, entspannen Sie sich, begrüßen Sie sich freundlich und wenden Sie sich ein paar Minuten lang dem Atem zu.

- ☺ Registrieren Sie abschweifende Gedanken nur kurz, so wie bisher, lassen Sie sie fallen und kehren Sie zum Atem zurück.
- ☺ Nach einer Weile, wenn Sie in der Achtsamkeit stärker verankert sind, können Sie beginnen, die Themen der Gedanken zu benennen,

bevor Sie die Achtsamkeit wieder zum Atem zurückführen. Waren Sie in Zukunftspläne verstrickt, können Sie sich still sagen: »Planen«, »Planen«, ohne auf die Pläne selbst weiter einzugehen. Das Benennen des Themas hilft dabei, nicht von den Gedanken zurück in die Geschichte gezogen zu werden.

- Ein andermal erinnern Sie sich vielleicht an ein Gespräch. Sie können leise im Geist »Erinnern«, »Erinnern« sagen.

- Bemerken Sie die Gedanken, die sich gleich einer Wolke in Ihnen ausgebreitet und vielleicht auch Ihre Stimmung verändert haben. Mit der Bewusstwerdung verflüchtigen sie sich langsam wie aufsteigender Nebel.

- Jeder hat so seine Lieblingsthemen, die regelmäßig auftauchen. Bemerken Sie, welche die Ihren sind, Träumen, Fantasieren, Erinnern, Analysieren, Bewerten, Kommentieren oder dergleichen.

- Wenn Ihre Achtsamkeit und Klarheit schwach sind, kehren Sie zwischendurch immer wieder zurück zum Atem. In den Phasen, in denen Ihre Achtsamkeit stabiler ist, können Sie sich innerlich zurücklehnen, so als säßen Sie in einem Kinosaal und würden in Ruhe den Film betrachten, der sich vor Ihrem geistigen Auge abspielt. Bilder, Sätze, Wörter tauchen auf und verschwinden wieder. Bleiben Sie sich bewusst, dass Denken stattfindet. Es denkt und denkt und denkt. Manchmal entstehen ganze Geschichten, alte Erinnerungen, Pläne, Fantasien, die sich abspulen und die Sie längst vergessen haben. Ein andermal sind die Gedanken ohne jeglichen Zusammenhang.

- Wenn Sie in der Achtsamkeit ruhen, können Sie feststellen, wie einzelne Gedanken entstehen und wieder vergehen. Ein Gedanke erscheint und vergeht. Nehmen Sie sein Erscheinen und Vergehen wahr. Mehr nicht. Vielleicht bemerken Sie den Gedanken zu Anfang, vielleicht erst in der Mitte, vielleicht gar erst am Ende. Wo immer Sie ihn erwischen, werden Sie sich seiner bewusst und achten Sie auf sein restloses Vergehen. Interessant ist auch, das mysteriöse Auftauchen der Gedanken zu bemerken. Der Gedanke war vorher nicht da, dann auf einmal ist er da.

- Ebenso abrupt kann das Denken enden, sobald Sie es mit Achtsamkeit wahrnehmen. Lassen Sie sich davon nicht irritieren. Dieses Phänomen enthüllt den absichtslosen flüchtigen Charakter des Denkens. Manchmal werden Sie das Denken im Nachhinein bemerken. Sie erinnern sich daran, gedacht zu haben, aber während Sie dachten, waren Sie sich dessen nicht bewusst. Auch dieses Phänomen nehmen Sie einfach so, wie es ist.

- Interessant ist auch, die unterschiedliche Lautstärke von Gedanken zu beobachten. Manche Gedanken sind leise und selten, andere laut und häufig.
- Kehren Sie während der Beobachtung des Denkens immer wieder kurz zu Ihrem Körper zurück – selbst dann, wenn Ihre Achtsamkeit stabil sein sollte. Entweder Sie spüren den ganzen Körper oder Ihren Atem.
- Am Ende der Meditation nehmen Sie noch einen Moment in Ruhe Ihren Körper wahr, bevor Sie aufstehen. Nehmen Sie wahr, ob Sie Ihre Meditation mit anderen Perioden vergleichen und ein Urteil fällen. Lassen Sie auch dieses Denken vorbeistreichen als bloßes Denken. Vielleicht stimmt das Urteil, vielleicht nicht. Nehmen Sie die Verunsicherung oder die Entspanntheit wahr, die diese offene Haltung mit sich bringt.

## Umgang mit machtvollen Gedanken

Bei sehr einnehmenden Gedanken können Sie die Erfahrung des Denkens passiv benennen: »Denken findet statt.« Wenn das immer noch nicht ausreicht, um etwas Abstand zu gewinnen, können Sie einen wahllosen Gedanken anhängen wie: »Der Himmel ist blau.« Diese Idee, die ich von Joseph Goldstein übernommen habe, nimmt jedem wuchtigen Gedanken seine Kraft und entlarvt ihn als einfachen Geistesprozess, dem Sie folgen können, aber nicht müssen.

Manche Gedanken sind allerdings äußerst hartnäckig und machtvoll, vor allem in Verbindung mit Emotionen und alten Meinungen. Sie erscheinen als Wahrheiten und wir müssen ihren substanzlosen Charakter häufig erkennen, um uns von ihnen lösen zu können.

In dem Fall, dass die Gedanken Ausdruck von Gefühlen sind, besteht der erste Schritt immer darin, sich dieser Gefühle bewusst zu werden und sich mit ihnen gründlich auseinanderzusetzen. Dieser Schritt kann nicht übersprungen werden. Der Abstand, den wir zu den Gedanken gewinnen wollen, kann helfen, dass die Gefühle uns nicht überwältigen, aber er dient nicht ihrer Unterdrückung.

## Das wahre Wesen der Gedanken

Es braucht etwas Übung, um zwischen zerstreutem Denken und einem achtsamen Gewahrsein des Denkprozesses unterscheiden zu können. Reflektieren Sie nach den Meditationsperioden kurz Ihre Erfahrung. Mit der Zeit wird Ihnen der Unterschied bewusst werden. Sie werden bemerken, wie ein Gedanke spontan zum nächsten führt, Meinungen entstehen, denen jegliche Hintergrundinformation fehlt, oder wie Gedanken sich plötzlich wie eine Fata Morgana auflösen.

Gedanken sind außerordentlich schnell, zu schnell für unser Normalbewusstsein. Nur wenige Gedanken gelangen in unser Normalbewusstsein, wo sie sich deutlich verlangsamen. Daraus ergibt sich das Phänomen, dass wir in der Meditation einen Gedanken manchmal zweimal bemerken. Erst huscht ein Gedanke rasend schnell durch den Geist, um sich gleich darauf langsam zu wiederholen.

Bei hoher Achtsamkeit können wir manchmal beobachten, wie sich die Gedanken ständig mit großer Geschwindigkeit auflösen.

> **Ein Gedanke verflüchtigt sich im Ansatz.**

Statt das Denken beobachten zu können, bleibt der Geist leer von Gedanken. All diese Phänomene weisen auf das selbstständige flüchtige Geschehen von Gedanken hin. Im tibetischen Buddhismus werden sie mit einem Regenbogen verglichen. Ein Regenbogen erscheint als etwas Greifbares, aber je näher wir ihm kommen, desto weiter rückt er von uns weg.

## Offenheit im Urteilen bewahren

All diese Beobachtungen haben Konsequenzen für die Relevanz unserer Urteile und Meinungen. Wir können und wollen das Bilden von Meinungen nicht unterbinden, doch wir wollen sie überprüfen und bei Bedarf korrigieren. Die Weisheit, dass Meinungen selbstständig aus einem Prozess heraus entstehen, ruft nach einer kritischen Haltung gegenüber unseren Urteilen. Vielleicht stimmen sie, vielleicht stimmen sie nicht. Es kann sein, dass Dagmar handwerklich unbegabt ist oder sie nur ein wenig Übung braucht. Es kann sein, dass Peter keine gute Konzentrationsfähigkeiten besitzt oder er nur einfach wacher ist als Isabelle, deren Ruhe genauso gut ein Ausdruck von Müdigkeit sein kann. Wir brauchen Urteile als Basis für unsere Entscheidungen. Doch statt schnell einem spontanen Urteil zu folgen, können wir mithilfe von Achtsamkeit Urteile überprüfen und gegebenenfalls korrigieren.

## Destruktives Denken entlarven und beenden

Manche Themen drängen sich immer wieder von Neuem auf. Bevorstehende wichtige Ereignisse, Schwierigkeiten, zurückliegende Fehlentscheidungen oder Schicksalsschläge werden stets von Neuem durchdacht, ohne von Nutzen zu sein. Kein neuer Gedanke tritt hinzu, keine neue Perspektive wird gewonnen. Die gedanklichen Schleifen allein sorgen dafür, dass etwaige Ängste, Vorwürfe oder Anspannungen kein Ende nehmen. Wenn Sie bestimmte Gedanken immer wieder bemerken, reflektieren Sie einen Moment darüber, ob diese Gedanken Sie weiterbringen können. Steht Ihnen neu-

es Wissen zur Verfügung, lässt sich etwas ändern, können Sie noch etwas daraus lernen? Wenn nicht, dann wenden Sie sich von diesen Gedanken einfach immer wieder von Neuem ab. Der große indische Philosoph Shantideva fragt in »A Guide to the Bodhisattva's Way of Life«: »Warum machst du dir Sorgen, wenn du etwas ändern kannst? Und was ist der Nutzen, dir Sorgen zu machen, wenn du nichts ändern kannst?« Vielleicht hilft Ihnen auch ein altes bekanntes Sprichwort: Es kommt immer anders, als man denkt.

Natürlich ist es immer wieder notwendig, zu planen, sich zu erinnern oder etwas zu antizipieren. Vor dem Antritt einer Reise ist es sinnvoll, sich über den Ort, das Wetter, die Sprache des jeweiligen Zielortes zu informieren. Eine Präsentation will publikumsgerecht ausgearbeitet werden, ein Bewerbungsgespräch und mögliche Fragen überdacht werden. Aber all die Vorstellungen, all die Pläne können sich in der Situation in Luft auflösen. Die Zukunft lässt sich nicht vorhersagen.

## Impuls

*»Ah, Denken findet statt.«*

## Während des Tages

Bei der Vertiefung und Umsetzung unserer Erkenntnisse im Alltag können wir damit beginnen, das ziellose Denken zu bemerken. Halten Sie dazu immer wieder inne, wenn Sie irgendwo eine Glocke hören, und fragen Sie sich, wo Sie gerade in Gedanken weilen. Bemerken Sie das Thema, benennen Sie es leise im Geist. Reflektieren Sie einen Moment lang darüber, ob die Gedanken zielgerichtet absichtsvoll oder ziellos beliebig waren. War der Inhalt bedeutsam oder hat es sich um unnützes Zeug gehandelt? Ich nehme an, in neunzig Prozent aller Fälle dürfte es sich um Überflüssiges gehandelt haben. Verabschieden Sie sich freundlich. Achten Sie darauf, sich nicht dafür zu verurteilen. Spüren Sie dann Ihren Atem und bemerken Sie, wie die Gedanken langsam oder plötzlich verebben. Statt einer Glocke können Sie das Läuten eines Telefons nutzen oder Sie laden sich aus dem Internet eine Achtsamkeitsglocke auf Ihr Handy herunter. Im Falle, dass Sie Mühe haben, sich von manchen Gedanken und Assoziationen zu lösen, erweitern Sie die Achtsamkeit und erkunden Sie, ob die Gedanken eine emotionale Qualität besitzen oder ein Gefühl auslösten. Beziehen Sie das Gefühl mit in Ihre Achtsamkeit ein, so, wie Sie es im vorherigen Kapitel geübt haben.

Wir können uns auch mit unseren Meinungen und Urteilen beschäftigen. Vielleicht mögen Sie sich in ein Café setzen und zum Fenster hinausschauen. Entspannen Sie sich und beobachten Sie die Reaktionen in Ihrem Geist, wenn jemand vorübergeht. Anfangs mögen sich die Urteile verstecken, weil Sie angestrengt nach Ihnen Ausschau halten. Wenden Sie sich kurz Ihrem Kaffee zu. Dann schauen Sie wieder hinaus. Vielleicht blitzt auf: »Och, der ist ja fade.« – »Die Kellnerin könnte freundlicher sein.« – »Hier ist es ja wirklich gemütlich.«

All das sind einfach Meinungen und Urteile. Sie brauchen keines zu rechtfertigen oder zu überprüfen. Bemerken Sie einfach, wie diese Gedanken spontan auftauchen. Dann betritt eine Person den Raum und Sie denken: »Na, der sieht ja mürrisch aus.« Beginnen Sie Ihre Meinungen und Urteile zu zählen. Wahrscheinlich stellen Sie vor Tagesende mehrere hundert Urteile fest. Mit der Zeit wird offensichtlich, welche Urteile fundiert sind und welche nicht. Statt an jeder Meinung festzuhalten und an sie zu glauben, schmunzeln Sie Ihrem eigenen Geist zu, der versucht, der Welt Sinn zu geben, und darin manchmal tatsächlich ja auch nützlich ist.

## Für das Retreat zu Hause

Solange die Achtsamkeit leicht verloren geht und Sie sich nach wenigen Momenten in Geschichten und anderen Erfahrungen verlieren, bemerken Sie einfach das Thema Ihrer Gedanken. Lösen Sie sich von den Gedanken und kehren Sie zum Körper oder den Sinneswahrnehmungen oder dem Geisteszustand zurück. Irgendwann werden Sie aber Perioden feststellen, in denen Ihr Geist zentrierter, Ihre Achtsamkeit stabiler ist. Das sind die Momente, in denen Sie sich dem Denken als Erfahrung zuwenden können. Achten Sie nicht so sehr auf den Inhalt. Sie müssen kein Problem lösen, kein Urteil überprüfen, nichts planen. Kehren Sie wieder zum Atem und Körper zurück, wenn Sie sich zunehmend in den Gedanken verfangen oder manche Gedanken sehr mächtig sind. Kreisen Ihre Gedanken immer um ein bestimmtes Thema, spüren Sie etwaigen Gefühlen nach, die damit verbunden sind.

# 6
## *Alles ist im*
# WANDEL

Wir erkennen die kontinuierliche
Veränderung in jedem Augenblick,
lernen, tief in die Angst vor Verlust
und Tod zu schauen, und sehen die
Chance des Neubeginns.

*Eine alte chinesische Geschichte erzählt von einem Bauern in einem armen Dorf. Er galt als wohlhabend, besaß er doch ein Pferd, mit dem er seine Felder pflügen und Lasten befördern konnte. Eines Tages lief sein Pferd davon. Die Nachbarn bedauerten ihn sehr, aber der Bauer meinte nur: »Wer weiß?«*

*Wenige Tage später kehrte das Pferd in Begleitung einer Stute zurück. Über diese günstige Fügung brachen seine Nachbarn in Begeisterung aus, aber der Bauer sagte nur: »Wer weiß?«*

*Tags darauf wollte der Sohn des Bauern auf der Stute reiten, aber das Pferd warf ihn ab, sodass er sich das Bein brach. Die Nachbarn bedauerten den Bauern für den Verlust seiner Arbeitskraft, aber er sagte wiederum: »Wer weiß?«*

*Am nächsten Tag kamen Soldaten in das Dorf, um alle jungen Männer zum Kriegsdienst einzuziehen. Den Sohn des Bauern verschmähten sie, mit seinem gebrochenen Bein konnten sie ihn nicht gebrauchen. Als die Nachbarn sagten, welch ein Glück er habe, antwortete der Bauer erneut: »Wer weiß?«*

Das Leben verläuft immer wieder anders, als wir denken. Manchmal stellen diese Veränderungen sich als vorteilhaft heraus, manchmal als tragisch. Die Einschätzung kann sich im Zuge kommender Ereignisse ständig neu gestalten, aber selten begegnen wir dem Moment mit einer solchen Offenheit wie der Bauer. Wir frieren den Moment ein, gehen davon aus, dass alles bleibt, wie es ist, und fällen ein festes Urteil darüber, ob dies gut oder schlecht ist.

## Leben besteht aus fortwährendem Wandel und aus Veränderung.

Wir können unmöglich mit vollkommener Sicherheit den nächsten Moment vorhersagen. Das Einzige, von dem wir mit Gewissheit ausgehen können, ist die Tatsache, dass alles sich verändern wird, auch unser eigenes Leben. Der Tod, der stärkste Ausdruck der Vergänglichkeit, ist die existenzielle Bedrohung, der wir nicht entfliehen können und die all unsere Handlungen, Werte und Prioritäten auf den Prüfstein legt. Meist versuchen wir, die Vergänglichkeit einfach zu vergessen, und leben in einem Gefühl der Ewigkeit. Umso mehr wir dies tun, können Veränderungen Entsetzen, Verunsicherung und Panik hervorrufen. Dahingegen kann die Erkenntnis und Integration der vergänglichen Struktur aller lebendigen und nicht lebendigen Erscheinungen zu Gelassenheit, Frieden und Klarheit führen.

Nachdem wir uns bisher in unserer Praxis damit auseinandergesetzt haben, die verschiedenen Erfahrungen bewusst wahrzunehmen, wollen wir uns jetzt dem Wandel als Eigenschaft dieser Erfahrungen zuwenden. Ein achtsames Wahrnehmen unserer selbst wie unserer Umgebung enthüllt schnell den veränderlichen Charakter aller Dinge. Anfangs mag die Auseinandersetzung vielleicht Angst auslösen, doch wir können uns immer mehr in dem kontinuierlichen Fließen, in dem wir uns gemeinsam mit allen anderen befinden, entspannen und die offene Weite, die Leichtigkeit und die tausend Möglichkeiten entdecken, die der Wandel mit sich bringt.

## Wandel, eine unerwartete Überraschung

Der kontinuierliche Wandel offenbart sich in jedem Augenblick so deutlich, dass die meisten Menschen der Meinung sind, sie hätten ihn längst verstanden. Niemand wird einen ernsthaften Einwand gegen die Aussage erheben, dass sich Dinge ändern. Wir brauchen nur kurz hinzuschauen und können es bemerken. Der Atem entsteht durch ein kontinuierliches Ein- und Ausfließen von Luft in unseren Lungen. Jeder Tag hat einen Anfang und ein Ende. Wechselnde Jahreszeiten, politische Veränderungen, alternde Geräte, Mauern, die Risse bekommen, Kinder, die aufwachsen, Greise, die ihre ehemaligen Fähigkeiten einbüßen – wo immer wir hinschauen, können wir den Wandel bemerken, wenn wir es wollen.

> Zum Wandel gehört
> das Vergehen einzelner
> Ereignisse, Dinge
> und Personen.

Das erscheint simpel und doch leben die meisten Menschen ihr Leben so, als würde es kein Ende nehmen. Solange es nicht den engsten Freundeskreis betrifft, nehmen wir nur am Rande wahr, dass überall Menschen geboren werden und andere sterben. Die eigene Person scheint es nicht zu tangieren. Wo immer wir gerade im Leben stehen, es sieht so aus, als würde es sich in schnurgerader Linie weiterentwickeln, ohne aufhören zu müssen.

❯❯Matthias ist Ende vierzig, als bei ihm ein Hirntumor diagnostiziert wird. Der Krebs ist so weit fortgeschritten, dass eine Genesung unsicher erscheint. Dabei hatte er noch so viel vor. In zehn Jahren wollte er

seinen Beruf aufgeben und sich ganz seiner inneren Entwicklung widmen. Mit seiner Frau hat er gerade ein Haus gebaut, das er die nächsten Jahre abzahlen wollte. Er hatte so hart dafür gearbeitet, und jetzt das. Wut, Enttäuschung, Verzweiflung packen ihn.❝❝

---

Theoretisch wissen wir um Wandel, Sterben und Tod. In der Praxis werden wir von Veränderungen überrascht. Erschüttert, verzweifelt, enttäuscht fragen wir uns, was falsch gelaufen ist. Hätte die Zecke mich nicht gebissen, wäre das Auto nicht so schnell gefahren, wäre der Euro nicht gekommen, dann wäre alles im Takt geblieben. Offensichtlich gehen Gegenstände kaputt, verändern sich Staatsgebilde, sterben Menschen, doch damit verbinden wir nichts Natürliches, sondern ein tragisches Missgeschick, das nicht hätte geschehen dürfen. Unsere Reaktion, unser Ärger, unsere Frustration, unsere Schuldzuweisung zeigt uns, dass wir die Tatsache des unabänderlichen Wandels nicht integriert haben.

## Die Wahrnehmungskonstanz des Geistes

Wandel, Entstehen und Vergehen sind offensichtlich, und doch verhalten wir uns, als würden sie uns nicht betreffen. Warum? Zum einen täuscht uns unser Wahrnehmungsprozess. Durch ein Abgleichen der momentanen Sinneseindrücke mit früher aufgenommenen versucht der Geist herauszufinden, was wir wahrnehmen. Dadurch können wir Personen wiedererkennen, früher erlebte Episoden erinnern, verschiedenen Gegenständen ein Wort und eine Bedeutung zuordnen und bestimmte Ereignisse antizipieren. Im alltäglichen Funktionieren ist all das außerordentlich hilfreich. Statt wie ein Kleinkind verständnis- und orientierungslos die Welt immer wieder neu erkunden zu müssen, können wir zielgerichtet Abläufe steuern und Aufgaben lösen.

Die Kehrseite dieser konzeptgesteuerten Wahrnehmungskonstanz ist, dass die Welt stabiler und vorhersagbarer erscheint, als sie es wirklich ist. Irgendwann ist eine Veränderung so weit fortgeschritten oder ereignet sich derart abrupt, dass wir sie nicht mehr leugnen können. Da unser Geist emotional aber auf Fortdauer eingestellt ist, reagieren wir schockiert und erfahren Schmerz, Angst, Verzweiflung.

## Kontrollverlust

Ein unbefristeter Arbeitsvertrag, ein Eheschluss, ein geregelter Tagesablauf vermitteln Beständigkeit, Sicherheit, Kontrollierbarkeit. Wir rechnen nicht mit einem plötzlichen Ende dieser Situationen. Wir glauben den Lauf der Dinge in der Hand zu haben. Die tiefen existenziellen Ängste können vorübergehend beschwichtigt werden.

Viele Menschen haben aus diesem Grund ein starkes Bedürfnis nach Kontrolle.

---

❝Nach langen Versuchen erlebt Axel sich in der Meditation gesammelt und achtsam, erfüllt von Gelassenheit und lebendiger Ruhe. Der Atem ist deutlich und ruhig, der Körper leicht und schmerzfrei, das Spiel der Gedanken ein flüchtiges Treiben, die Gefühle in kontinuierlichem Fluss. Er meint endlich verstanden zu haben, wie man meditiert. Aber in der nächsten Meditation erlebt er sich wieder zerstreut und rastlos, obwohl er alles genauso wie zuvor arrangiert hat.❞

---

Unsere Kontrollmöglichkeiten sind äußerst beschränkt. Selbst in wissenschaftlichen Untersuchungen muss ein erheblicher Aufwand betrieben werden, um ein Ergebnis zu reproduzieren. Im täglichen Leben mit seiner Komplexität ist eine exakte Wiederholung schier unmöglich. Wir wissen nicht, welchen Körpererfahrungen, Gefühlen und geistigen Zuständen wir an einem Tag begegnen werden, welcher Gedanke als Nächstes auftauchen wird. Wir wissen nicht, wie das Wetter in drei Tagen sein wird, wann wir krank werden, ob der nächste Atemzug überhaupt stattfinden wird. Wir haben keine Ahnung. Allerhöchstens können wir Prognosen und Pläne entwerfen, die ständig wieder verworfen und geändert werden müssen.

## Einfluss ausüben, Verantwortung übernehmen

Axel ist durch seine Entdeckung, wie wenig er tatsächlich kontrollieren kann, tief verunsichert. Dem Zugeständnis, dass alles sich in Veränderung befindet und wir keine echte Kontrolle besitzen, folgen häufig Ohnmacht, Apathie und Sinnkrise. Aber Kontrolllosigkeit bedeutet nicht, dass wir keinen Einfluss nehmen können. Axel kann sich zur Meditation hinsetzen mit der festen Absicht, achtsam, gesammelt und wach dem Spiel der Erfahrungen zu folgen, und doch kommt es anders. Matthias kann sich der angeratenen Krebsbehandlung unterziehen

und trotzdem sterben. Auf der anderen Seite wird sich ganz ohne ein Bemühen die Meditation nicht entwickeln und die Krankheit wahrscheinlich fortschreiten. Wir können auf den Verlauf unseres Lebens Einfluss nehmen. Wir sind sogar aufgefordert, Verantwortung zu übernehmen, indem wir auswählen, welchen geistigen Impulsen wir folgen und welchen nicht. Buddha sagt: »Sprichst oder handelst du mit unreinem Geist, wird Leid die Folge sein ... Sprichst oder handelst du mit ruhigem, reinem Geist, wird Glück die Folge sein ...«

Dennoch ist das konkrete Ergebnis unsicher. In unseren Entscheidungen sind wir meist sehr ergebnisorientiert. Wir wollen ein bestimmtes Ziel erreichen, das in der Regel angenehmer Natur ist, und im nächsten Schritt wollen wir das erreichte Ziel behalten. Es kann sich um Ruhe und Klarheit in der Meditation handeln, um Gesundheit oder Erfolg am Arbeitsplatz oder eine harmonische Beziehung. Aber genau an diesem Punkt stoßen wir an das Ende unserer Einflussnahme.

Jedes Ereignis wird von so vielen Faktoren mitbestimmt, die selbst einem ständigen Wandel unterliegen. Jedes Ereignis wird von unzähligen Faktoren beeinflusst, die sich unmöglich alle kontrollieren lassen. Aber selbst wenn wir alle Faktoren gleichhalten könnten, würde Veränderung stattfinden. Leben besteht aus

Bewegung und setzt sich sogar fort nach unserem Tod.

---

Alles ist konstant im Wandel, ob wir es wollen oder nicht.

---

Es mag am Anfang schwerfallen zu unterscheiden, wo Einflussnahme aufhört und wo Kontrolle beginnt. Wir erkennen den Punkt noch nicht, an dem es gilt abzugeben. Je genauer wir das Treiben des Lebens wahrnehmen lernen, desto klarer können wir den Punkt erkennen.

## MEDITATION MIT WANDEL ALS OBJEKT

In dieser Meditation geht es nicht darum, etwas Bestimmtes wahrzunehmen wie Körperempfindungen, Gefühle oder Gedanken, sondern in allen Erfahrungen den fließenden Charakter zu bemerken.

- ☙ Setzen Sie sich auf Ihren Sitz, schließen Sie die Augen und entspannen Sie sich. Beginnen Sie die Meditation mit dem Atem, bis Ihre Achtsamkeit etwas stabiler geworden ist.
- ☙ Dann können Sie sich eine Weile der Hörerfahrung zuwenden. Falls Sie an Tinnitus leiden, lassen Sie diesen Schritt aus. Hören Sie Geräusche? Bemerken Sie, wie jedes Geräusch durch ein Kommen und Gehen von Klängen charakterisiert wird. Manche Geräusche scheinen im ersten Moment gleich zu bleiben.
- ☙ Hören Sie genauer hin. Falls Sie dennoch nur einen einförmigen,

gleich bleibenden Ton feststellen können, wenden Sie sich wieder Ihrem Atem zu.

- Wieder beim Atem bemerken Sie, wie die Einatmung spontan kommt, Empfindungen in Ihrem Körper hervorruft, die mit der Ausatmung wieder verschwinden. Registrieren Sie den Beginn, die Mitte und das Ende jedes Atemzugs.
- Nach einer Weile können Sie Ihre Achtsamkeit öffnen und sich überraschen lassen, welche Erfahrungen spontan auftauchen, seien es andere Körperempfindungen, Töne, Gefühle, Gedanken, innere Bilder. Rücken Sie dieses Mal das Erscheinen, die Veränderung und das Verebben all dieser Erfahrungen in den Mittelpunkt Ihrer Betrachtung.
- Manchmal ist die Achtsamkeit nicht scharf genug oder das Sinnesorgan ist nicht fein genug oder der Wandel vollzieht sich in einem derart langsamen Tempo, dass die Veränderungen nicht wahrgenommen werden können.
- Auch emotionale Stimmungen erscheinen häufig auf den ersten Blick dauerhaft. Lassen Sie sich von diesem Eindruck nicht täuschen. Fragen Sie sich, ob die Erfahrung wirklich ununterbrochen über den ganzen Tag bestehen bleibt, die ganze Woche, Ihr ganzes Leben hindurch oder ob sich nicht doch etwas verändert, zumindest wenn Sie telefonieren, essen oder auf die Toilette gehen.
- Am Ende der Meditation lassen Sie einen Moment die Erfahrung des spontanen selbstständigen Fließens aller Erfahrungen auf sich wirken. Bemerken Sie, dass diese Meditation gerade geendet hat und nie wieder genauso stattfinden wird.

## Angst vor Verlust und Tod ins Auge schauen

Der stärkste Widerstand gegen die Wahrheit der Vergänglichkeit geht von unserer Angst vor Verlust und Tod aus. Die Tatsache des Sterbens wird weitgehend ausgeschlossen. Doch kein Leugnen kann uns vor dem Tod bewahren. Auf der anderen Seite kann uns das Bewusstsein unserer Sterblichkeit zu neuer Klarheit führen wie wir unser Leben führen möchten. Gavin Harrison, ein Vipassanalehrer aus den USA, beschreibt seine innere Entwicklung, nachdem er HIV-positiv getestet wurde, folgendermaßen: »Ich wusste, dass ich nicht länger die Dinge aufschieben konnte, die ich schon immer tun wollte. Als Erstes kündigte ich meine Arbeit, die mich schon lange nicht mehr erfüllte und für die es jetzt keinen Platz mehr zu geben schien. Auch viele Beziehungen, die weder mich noch andere wirklich befriedigten, begannen wegzufallen. Mein Umgang mit anderen wurde ehrlicher. Verhaltensweisen, die kleinlich, unnötig oder schmerzhaft waren, fielen nach und nach weg. All dies schien ganz natürlich und von allein zu geschehen.« Dem eigenen Tod ins Auge zu schauen ruft selbstverständlich große Angst hervor. Die Gefahr besteht, in der Angst stecken zu bleiben und, statt eine positive Hinwendung zum Leben zu erfahren, in ihr zu erstarren. Ein solches Festwerden erfolgt immer dann, wenn wir ein Gefühl nicht zulassen wollen. Auf der anderen Seite können wir dem Tod nicht davonlaufen. Sosehr wir uns bemühen, er wird uns irgendwann einholen. Die Auseinandersetzung mit dem Wandel bedeutet daher immer auch eine Konfrontation mit tiefer Angst. Wenn wir unseren Tod annehmen wollen, müssen wir die Angst vor der eigenen Vernichtung zulassen.

Dabei werden wir erleben, dass auch die Angst in sich die Eigenschaft hat, sich wieder aufzulösen. Selbst sie kann nicht von Dauer sein und wahrscheinlich leben wir noch, wenn sie vorüber ist. Die Angst ist eine eigene Erfahrung und sie ist nicht der Tod selbst.

# Umgang mit Angst

Wenn Ihnen während der Auseinandersetzung mit dem Wandel in der Meditation oder während des Tages Angst begegnet, dann wenden Sie sich ihr zu und benennen Sie die Erfahrung mit »Angst, Angst, Angst« oder in passiver Art mit »Angst findet statt, Angst findet statt«.

*Erforschen Sie genau die körperlichen Symptome der Angst.*

Wo spüren Sie Enge, Härte, Anspannung? Wird Ihnen irgendwo heiß? Empfinden Sie Verwirrung, Dumpfheit? Fühlen Sie sich benebelt?
Erweitern Sie zwischendurch die Wahrnehmung und machen Sie sich bewusst, dass Sie auch sehen, hören und andere Empfindungen wahrnehmen. Spüren Sie vor allem Ihren Kontakt mit dem Boden

oder der Erde. Falls die Angst sehr stark ist, können Sie den Bodenkontakt intensivieren, indem Sie sich auf den Bauch legen oder Treppen steigen oder zur Not auch anderweitig ablenken. Begleiten Sie die Erfahrung kontinuierlich mit präzisen Beschreibungen. Irgendwann wird die Angst verschwinden. Bemerken Sie ihr Ende.

## Umgang mit Trauer

Das Akzeptieren des Wandels öffnet uns den Weg, wirklich zu trauern. Trauer ist die natürliche Antwort, mit der wir auf Verlust reagieren. Dahinter verbirgt sich ein tiefer, notwendiger Prozess des Abschiednehmens von dem, was uns wichtig war.

## Erst durch den Trauerprozess können wir uns für Neues öffnen.

Menschen, die Trauer vermeiden, vergraben ihren Schmerz, verbittern im Herzen und leben nicht selten in Angst vor dem nächsten Verlust.

Jutta erzählte mir folgende Geschichte. Mit dreißig traf sie den Mann ihres Lebens. Jahrelang ging alles gut, bis zum ersten Streit. Sie trennten sich sofort. Sie ließ sich nie wieder auf eine neue Partnerschaft ein, da die Angst vor einer Wiederholung zu groß war.

Daher ist es von großer Bedeutung, den Trauerprozess zuzulassen, zu dem eine Vielzahl von Emotionen wie Enttäuschung, Wut, Angst, Verlassensein, Hoffnungslosigkeit, Desorientierung und manchmal auch Widersprüchliches wie Erleichterung gehören mag. Die Trauer kann schubweise über uns hereinfallen, angestoßen von harmlosen Ereignissen, und länger dauern, als wir und unsere Umgebung es gerne hätten. Schwere Verluste können die Begleitung eines in Trauer erfahrenen Therapeuten erfordern.

Am Ende steht aber stets die Öffnung des Herzens und damit der Zugang zu Freude über das, was wir jetzt erleben können.

**"**Lisbeth verlor Mitte dreißig durch einen Autounfall ihren geliebten Ehemann und ihre Tochter. Im Anschluss musste sie das frisch bezogene Haus aufgeben und konnte jahrelang mit ihrem kleinen Sohn keinen Spielplatz betreten, da der Anblick anderer glücklicher Familien zu schmerzhaft für sie war. Sie bekam professionelle Hilfe. Nach mehreren Jahren fand sie zurück ins Leben und konnte sich für eine neue Partnerschaft öffnen.**"**

## Vergänglichkeit ermöglicht Neubeginn

Wandel bedeutet nicht nur Verlust und Tod. Das Vergehen von etwas bedeutet zugleich den Beginn von etwas Neuem. Die nächste Einatmung kann erst nach der Ausatmung folgen. Kinder können nur geboren werden, wenn andere sterben. Wäre noch nie jemand gestorben, so gäbe es auf diesem Planeten schon längst keinen Platz mehr.

Ein langjähriger Freund wurde von seiner Frau verlassen, als er sein sechzigstes Lebensjahr schon weit überschritten hatte. Sie empfand ihn als langweilig und wollte ein neues Leben beginnen. Zu aller Erstaunen begann er nach der Scheidung richtig aufzublühen. Er begann zu meditieren, besuchte viele Retreats und andere Workshops, lernte neue Menschen und Gemeinschaften kennen, schrieb ein Buch, das veröffentlicht wurde, und erhielt viele Einladungen zu Vorträgen über sein Leben. Das Ende seiner Ehe entpuppte sich als Neubeginn seines Lebens.

---

In Momenten von Verlust fällt es schwer, das Potenzial des Neuen zu sehen. Wir neigen dazu, uns am Alten festzuklammern. Je tiefer wir jedoch das kontinuierliche Fließen verinnerlichen, desto stärker ist unser Vertrauen, dass mit jedem Ende etwas Neues bereits beginnt.

## Alles ist möglich

Leider wissen wir nicht, was die Zukunft bringt. Diese Ungewissheit empfinden viele als unangenehm. Wenn wir sie jedoch aushalten können, kann uns nichts zum Aufgeben zwingen.

---

Eine Geschichte erzählt von zwei Fröschen, der eine ein Optimist, der andere ein Pessimist. Beide sind in einen Eimer frisch gemolkener Milch gefallen. Der eine sagt sich nach kurzen vergeblichen Versuchen, hinauszuspringen: »Da kann man sowieso nichts machen«, gibt auf und ertrinkt. Der andere sagt sich: »Ich will strampeln, so gut ich kann. Wer weiß, vielleicht geschieht ein Wunder?« Er strampelt eine Viertelstunde, eine halbe Stunde, eine volle Stunde. Schließlich sitzt er auf einem Klumpen Butter und springt mit letzter Kraft aus dem Eimer.

---

## Die Kostbarkeit des Lebens sehen

Den natürlichen Wandel aller Erfahrungen, Dinge und Personen tief zu verstehen, lehrt uns die tiefe Weisheit, dass wir nichts wirklich besitzen können. Unser Körper, unser Geist, unsere Freunde, die Situationen, die wir erleben, die Chancen, die uns geboten werden, nichts davon ist selbstverständlich.

Dieser Moment, den wir erleben, ist einzigartig und wird sich niemals wiederholen.

Zum Glück, denn manchmal ist das, was wir erleben, äußerst schmerzvoll. Auf der anderen Seite verlieren wir die stimmigen Seiten in unserem Leben leicht aus dem Blick. Wir vergessen die Geschenke des Lebens, seien es unsere Gesundheit, unsere Freunde oder die gesellschaftlichen Errungenschaften unserer westlichen Gesellschaft wie Meinungsfreiheit, Gleichberechtigung der Geschlechter, Zugang zu Bildung.

Wenn wir unseren Widerstand gegen die Vergänglichkeit als Teil des ständigen Wandels aufgeben, führt das Wissen um die Zerbrechlichkeit aller Dinge zu tiefer Dankbarkeit und Wertschätzung für alles, das wir momentan erfahren dürfen.

---

**"** Für Matthias ist seit seiner Krebserkrankung nichts mehr selbstverständlich. Er weiß nicht, ob er das nächste Jahr noch erleben wird. Im Frühjahr ist es kalt und regnerisch. Anfangs hat er sich darüber geärgert. Wenigstens sein letzter Frühling sollte fantastisch sein, mit blühenden Wiesen und wundervollen Düften. Doch je mehr er die Vergänglichkeit seines Lebens annehmen kann, desto mehr kann er sich für den Moment öffnen, wie er ist. Unerwartete Momente der Freude überwältigen ihn, selbst wenn er am Fenster steht und der kalte Regen dagegenprasselt. Er sieht die Gegenstände, die ihn schon seit Langem begleiten, und sieht vor seinem inneren Auge, wie sie schon bald in den Besitz anderer übergehen. Statt Neid erfüllt ihn Verbundenheit. Selbst seinen Körper sieht er zu Erde werden. **"**

---

Ein Festhalten an Dingen, Erfahrungen, Personen macht aus der Sicht der Vergänglichkeit keinen Sinn. Wir können uns die Anstrengung sparen, ebenso den schmerzhaften Neid und Geiz. Trotzdem muss uns nichts egal werden, nur weil es unbeständig ist. Nichts kann zweimal geschehen, jede Person ist einzigartig. Unbeständigkeit bedeutet nicht, dass alles in ein Chaos zerfällt. Die Entwicklungen, die wir feststellen, hängen miteinander zusammen. Ein Stein, den wir hochwerfen, fällt irgendwann nach unten. Heilsame Handlungen bringen eine heilsame Dynamik hervor, unheilsame Handlungen eine unheilsame.

Das unentwegte Fließen und Vorübergehen aller Dinge ruft uns auf, ihnen mit großer Sorgfalt und Wertschätzung zu begegnen, ganz gleich, um was es sich handelt.

Mit der Zeit wird das Wissen
um die Vergänglichkeit unsere
Beziehungen verändern.

Wir teilen mit allen Wesen eine ungeheuerliche Zerbrechlichkeit. Wir teilen mit allen die Unberechenbarkeit der Zukunft. Wir teilen mit allen das Geschenk des Lebens. Was immer von unseren Besitztümern übrig bleibt, wird weitergereicht. Unsere Worte und Taten werden in der Erinnerung anderer verblassen. Die Angst, die Habgier, der Geiz, die zwischen mir und anderen stehen, verlieren angesichts der unausweichlichen Veränderungen ihre Bedeutung. Großzügiges Geben, Teilen und Helfen sind die natürlichen Konsequenzen, wenn wir verstehen, dass sich nichts festhalten lässt. Der feste Griff um das, was wir zu besitzen glauben, lockert sich, und die Verlustängste weichen. Wir beginnen mit dem Fluss des Lebens zu fließen, voller Gelassenheit und Leichtigkeit.

## Impuls

*»Alles ist im Wandel.«*

## Während des Tages

Richten Sie während des Tages Ihre Aufmerksamkeit immer wieder auf das Fließen, den Wandel um Sie herum. Betrachten Sie das Wehen der Wolken, das Flattern der Blätter im Wind, das fließende Wasser eines Baches. Nehmen Sie bewusst das Altern von Bekanntem wahr, von Personen, sich selbst, Ihrer Umgebung.

Lauschen Sie Geräuschen, einem Gespräch am Nebentisch oder Autos, die vorbeifahren. Achten Sie nicht auf den Inhalt der Wörter, kümmern Sie sich nicht darum, was Sie hören. Tauchen Sie ganz ein in das Rauschen der Laute.

Nehmen Sie den Wandel Ihrer inneren Erfahrungen wahr, die verschiedenen körperlichen und geistigen Erfahrungen während eines Tages.

Die Öffnung hin zur Unbeständigkeit des Lebens kann eine starke Verunsicherung und Destabilisierung auslösen. Sollten Sie das feststellen, wenden Sie Ihren Blick gezielt auf eine beständigere Erfahrung. Spüren Sie die Erde unter Ihren Füßen. Sie ist immer noch da, der Himmel auch, und lassen Sie Ihren Geist auf diese Weise wieder zu einem inneren Gleichgewicht finden.

Fragen Sie sich ab und an, was mehr zählt aus der Sicht der Vergänglichkeit: wie viel wir haben oder wie wir in Beziehung zu dem stehen, was jetzt ist? Nichts lässt sich festhalten oder bestimmen. Alles geht vorüber, die schrecklichen Erfahrungen wie die wundervollen. Was soll der Kampf, den wir tagtäglich für etwas und gegen etwas führen? Woran lohnt es sich festzuhalten, sei es an Kleidern, Gegenständen, Besitz oder an Meinungen, Kränkungen? Wo möchten wir uns entschuldigen, mit wem versöhnen? Was möchten wir zum Ausdruck bringen? Mit diesen und ähnlichen Fragen im Hinterkopf können wir unsere Erfahrungen während eines Tages betrachten und unserem Leben eine Richtung geben, die ihm einen Sinn verleiht.

## Für das Retreat zu Hause

Rücken Sie ganz den kontinuierlichen Wandel in den Mittelpunkt Ihrer Praxis, wenn Sie sich klar, geerdet und gesammelt fühlen. Lassen Sie die Erfahrungen kommen und gehen. Achten Sie auf den kontinuierlichen Wechsel, das Erscheinen und Vergehen, so als würden Sie einer Lichtshow, einem Springbrunnen, dem Wehen des Windes beiwohnen. Sie können manchmal verstärkt auf den Anfang, das Ende oder die kleinen Veränderungen inmitten einer Veränderung achten. Antizipieren Sie die Veränderungen nicht, lassen Sie sich überraschen. Das Treiben kann sehr schnell werden, sodass Sie nicht mehr klar die einzelnen Erfahrungen unterscheiden können. Beim Gehen kann Gangunsicherheit auftreten. Halten Sie sich fest. Falls es zu stark wird, wenden Sie sich ab vom Fließen hin zu stabileren Erfahrungen, legen Sie sich auf den Boden, trinken Sie eine Tasse Tee.

# 7

## *Innere*
## WEITE

Wir überwinden die Trennung von
Ich und anderen, lassen einengende
Selbstkonzepte los und erleben die
Verbundenheit mit allem.

*Ein Mann betritt eine Bank, um einen Scheck einzulösen. Der Bankangestellte fragt ihn, ob er sich denn identifizieren könne. Da zieht er einen Spiegel aus der Hosentasche, blickt prüfend hinein und sagt: »Ja, stimmt, das bin ich.«*

Ich bin ich. Das Gefühl ist uns so selbstverständlich, dass wir nie ernsthaft auf die Idee kämen, es infrage zu stellen. Ich bin dieser Körper, ich bin »meine« Gefühle und selbstverständlich sind das »meine« Gedanken, die ich wahrnehme. Ich weiß, wo mein Zuhause ist, was mir gehört, wer meine Freunde und Freundinnen sind. Ich weiß, was ich erreicht oder versäumt habe, ich kenne meine Eigenschaften, meine Stärken und Schwächen. So reden wir den ganzen Tag und aus der Überzeugung, dass ich all das bin, ergibt sich, wie ich mit anderen Personen und Dingen in Beziehung trete und mit ihnen umgehe. Wird unser Ich bedroht, indem uns jemand etwas stiehlt, uns ins Lächerliche zieht oder zwingt, etwas gegen unseren Willen zu tun, dann reagieren wir mit Aggression oder Verunsicherung. Ich empfinde mich quasi als das Zentrum des Universums, um das sich alles dreht. Meine Welt teilt sich ein in das, was ich besitze, was ich haben könnte und in das, was ich loswerden möchte.

## Das Ich-Gefühl bewirkt eine Trennung zwischen mir und anderen.

Viele Menschen verspüren eine tiefe Sehnsucht nach deren Überwindung. Dies mag kurzfristig in einer sexuellen Vereinigung gelingen oder in der Meditation. Momente des Eins-Seins, der Verschmelzung, der Verbundenheit lassen uns aufatmen und erfüllen uns mit einer tiefen Liebe für alles und jeden. Die Kämpfe im Leben sind kurzfristig vergessen und wir spüren in solchen Momenten eine unglaubliche Weite, Kraft und Verbundenheit.

Meistens ziehen diese Einheitserfahrungen vorüber und wir tauchen wieder in der Welt auf, die bestimmt ist von Getrenntsein, Dualität und einer begrenzten Ich-Wahrnehmung. Deshalb ist ein tieferes Verständnis solcher Einheitserfahrungen wichtig, um uns selbst und unsere Lebensführung nachhaltig zu verändern. Möglichkeiten der inneren und äußeren Entwicklung können sich daraus ergeben, von denen wir bislang nur träumten, Ängste können einem tiefen Vertrauen Platz machen, und ichbezogene Verhaltensweisen der Gier, Ablehnung oder des Hochmuts können sich in Zufriedenheit, Liebe und Authentizität verwandeln.

Eine Erfahrung des Einsseins lässt sich nicht gezielt herbeiführen. Sie entsteht spontan und vergeht wieder. Wir können uns ihr jedoch annähern und vor allem ein Hintergrundverständnis entwickeln, aufgrund dessen solche Erfahrungen verarbeitet werden können. Für eine Veränderung in unserem Leben, für die innere Ausrichtung hin zu den erwähnten Qualitäten sind diese Einheitserfahrungen nicht zwingend notwendig, denn unser fixierendes Ich-Gefühl lässt sich leichter durchschauen, als wir meinen. Wir werden hierzu während der Meditationen gezielt verschiedene Gedankengänge und Reflexionen verfolgen.

Allerdings begegnen wir dabei unter Umständen großen Widerständen, die ihre Wurzeln in existenziellen Ängsten haben. Wichtig ist, sich stets bewusst zu sein, dass das Ziel nicht in der Auslöschung unseres Ichs besteht, noch darin, unsere Fähigkeit zur Unterscheidung zwischen Ich und anderen zu verlieren. Dieses Individuum, das wir sind, wird in seiner Einzigartigkeit erkennbar fortbestehen bis zu unserem Tod. Und doch entsteht mit einem tiefen Verständnis, um was es sich bei diesem Ich eigentlich handelt, wie es zustande kommt und funktioniert, eine innere Weite, die uns für viele Möglichkeiten und Potenziale öffnen kann.

In diesem letzten Kapitel wollen wir deshalb den Prozess der Fixierung, der zu einer festen abgegrenzten Ich-Vorstellung führt, genauer unter die Lupe nehmen. Dadurch können wir uns aus einengenden Konzepten und Verhaltensweisen lösen, neue Weichen stellen und uns wieder als Teil eines großen Ganzen erleben.

# Wer ich bin

Es gibt uns schon, solange wir denken können. Tatsächlich beginnt die Entwicklung eines minimalen Ich-Bewusstseins bereits wenige Wochen nach unserer Geburt. Durch die Begegnung mit einer Außenwelt, die auf das Kind und seine Blicke und Körperbewegungen reagiert, es immer wieder mit bestimmten Lauten oder Namen anspricht, durch eigene Bedürfnisse wie Hunger, die von außen befriedigt werden, entsteht mehr und mehr das Bewusstsein, ein von anderen getrenntes Wesen zu sein. Im Laufe der Jahre finden zwar viele innere und äußere Veränderungen statt, doch das Bewusstsein, dass es sich um mich handelt, fühlt sich stets einigermaßen gleich an. Was mich angeht, so fühlt es sich so an, als hätte es mich schon immer gegeben und als würde es mich immer geben. Alle Erfahrungen im Laufe meiner Entwicklung, die einen Bezug zu mir herstellen, bauen die Vorstellung, wer ich bin, weiter aus, die Umgangsweise meiner Lehrer und Lehrerinnen, Schulfreunde und Schulfreundinnen etc. Aus den vielfältigen Interaktionen und Erfahrungen bilden sich mit der Zeit bestimmte Verhaltensmuster heraus, die zukünftig als für mich typische Charaktereigenschaften angesehen werden. Das Bild wird mit jeder Situation weiter ausdifferenziert. In der Schule, im Sportverein, beim Gesangswettbewerb, bei Familienfeiern durch ein komplexes Zusammenspiel von Gedanken, Worten und Handlungen werden bestimmte Ich-Bilder suggeriert, angenommen und gefestigt.

---

**"Hans war schon als Kind dicklich und ungeschickt. In der Schule wurde er schnell zum Außenseiter aufgrund seiner Figur und mangelnden sportlichen Fähigkeiten. Eingeschüchtert stand er in den Pausen eher am Rande, zog sich eher graue, unauffällige Kleidung an, um Mädchen machte er einen Bogen. Später, als Erwachsener, trägt er die tiefe Überzeugung in sich, ein unattraktiver, langweiliger Mann zu sein, den andere nicht mögen, obwohl er mittlerweile eine attraktive Frau und zwei Kinder hat.**

Klara hingegen galt immer als die Schönste ihrer Klasse, sodass sie zu den begehrten Mädchen ihres Jahrgangs zählte. Im Musikunterricht glänzte sie mit einer fantastischen Stimme, ihre Noten waren durchschnittlich gut. Sie startet ins Leben mit einem gefestigten Selbstvertrauen.**"**

---

Wir entwickeln mit den Jahren ein eindeutiges Gefühl, wer wir sind, was wir können, was wir mögen und stellen diese Vorstellung selten infrage.

> Wir halten uns für das, was andere über uns denken und sagen.

Wir identifizieren uns mit Erfolgen oder Misserfolgen, gesellschaftlichen Rollen, unserer äußeren Erscheinung und lassen uns von diesen Identitäten in unseren Entscheidungen, Wünschen und Gefühlen leiten.

Je öfter wir uns mit diesen Vorstellungen identifizieren, desto fester wird die Meinung von uns selbst und bestimmt unser Leben. Unser Selbstbild entscheidet mit, ob wir Chancen erkennen und wahrnehmen, was wir uns zutrauen und

wie wir uns gegenüber anderen verhalten. So wird hilfreiche Kritik abgewehrt
oder werden Fehler vertuscht, wenn
unser Selbstbild davon bedroht wird. Wir
identifizieren uns mit einem Geschlecht
oder einer Nationalität mitsamt der dazu-
gehörenden Geschichte. Daraus entwickeln sich Identitäten, die unsere Gefühle, Gedanken und Reaktionen prägen.

## Die Angst, nicht mehr ich zu sein

Aber lassen wir uns derart reduzieren?
Stimmen unsere Meinungen über uns
selbst und andere oder sind wir weit
mehr als das, was wir meinen? Sind wir
wirklich derart festgelegt, sodass sich
keine anderen Möglichkeiten des Denkens und Handelns ergeben? Sind wir der
Glückspilz oder der Pechvogel?
Wir haben im vorhergehenden Kapitel
bereits den Wandel aller Dinge bemerkt.
Das Leben und die Personen erwiesen
sich als weniger statisch, als wir dachten. Darin verbirgt sich ein erster Hinweis
darauf, dass unser statisches Ich-Gefühl
nicht der ganzen Wahrheit entspricht.
Manche Eigenheiten und Reaktionen hei-
ßen wir im Erwachsenenalter vielleicht
schon längst nicht mehr gut, trotzdem
fällt es uns schwer, uns anders zu verhalten.

> **"**Vor rund zehn Jahren traf ich zufällig einen Mann, der durch einen schweren Autounfall fünf Monate im Koma lag. Nachdem er erwachte, war sein Gedächtnis ausgelöscht und kehrte erst in den folgenden Wochen langsam zurück. Viele der Eigenschaften, die ihn als Person ausmachten, waren verschwunden. Erst mit seiner Erinnerung tauchten sie wieder auf, aber er war mit ihnen nicht mehr so stark identifiziert wie früher. Daher konnte er die Anteile seiner früheren Person, die er innerlich ablehnte, einfach fallen lassen, statt sie wieder ausleben zu müssen und dadurch zu festigen. Das Ergebnis war, dass sie sich allmählich ganz verloren, da sie nicht länger genährt wurden.**"**

Welche Ich-Identität wir auch verinnerlicht haben, sie verleiht uns ein Gefühl der Stabilität und Sicherheit. Wir wissen, wo wir stehen, wer wir sind, was wir können, wobei etwaige Zweifel und Unsicherheiten über diese Punkte mit eingeschlossen sind. Selbst eine negative Identität fühlt sich besser an als das Fehlen einer Ich-Identität. Daraus erklärt sich, warum es häufig so enorm schwierig ist, sich von einem negativen Ich-Bild zu

lösen. Einer Person mit einem positiven Ich-Bild wiederum fehlt umso mehr der Anreiz, diese Identifikation grundsätzlich zu hinterfragen.

## Das Ich – ein Prozess

Wir alle kennen das Gefühl von »Ich bin«. Dennoch ist der Eindruck von der Existenz eines autonomen, festen Ichs, den dieses Gefühl vermittelt, ein Irrtum. Ein genauer Blick in unser inneres Erleben enthüllt, wie das Ich tatsächlich zustande kommt. Etwas wird wahrgenommen, ein Gedanke blitzt auf, eine Verbindung wird gezogen und als Wahrheit akzeptiert.

> **"**Felix sitzt draußen im Garten und meditiert. Es ist windig und mit jedem Windstoß strömt ein kurzer, kalter, etwas unangenehmer Schauer durch seinen Körper. Er betrachtet mit Achtsamkeit genau den Ablauf und stellt plötzlich einen Unterschied fest zwischen dem Hören, der Kälteempfindung und dem Gedanken: »Jetzt wird mir gleich kalt.« Mit dem Gedanken entsteht das Ich-Gefühl, die Trennung zwischen sich und der Außenwelt, und die innere Ablehnung gegen die darauf folgende Erfahrung nimmt einen quälenden

Charakter an, denn »etwas« richtet sich gegen »mich«.

Ich hatte in Thailand eine andere ähnliche Erfahrung. Eines Tages kam der Abt des Klosters auf mich zu und begann zu schimpfen. Die Situation war eindeutig. Er schimpfte mich aus. Ich wusste nicht warum, denn er sprach Thailändisch. Daher stand ich nur da, ließ es zu und bemerkte einfach »Schimpfen«. Ab und an entstand in meinem Bewusstsein: »Er schimpft mich aus.« In dem Moment ergriff mich ein unfassbarer Schmerz. Dann fiel die Identifikation wieder in sich zusammen und ich bemerkte einfach nur »Schimpfen«.❝

Es war mir nicht egal, ob ich ausgeschimpft wurde oder nicht. Ich wollte niemanden verletzen, aber da ich kein Thailändisch verstand, wusste ich nicht, worum es ging. Da ich das Schimpfen nicht persönlich nahm, konnte ich ruhig abwarten, bis mir das Gesagte übersetzt wurde, mit Gelassenheit mein Fehlverhalten anhören und mein Verhalten einfach ändern. Ich formte aus der Angelegenheit nicht die Identifikation, ein schlechter Mensch zu sein, nicht gemocht zu werden oder sonst eine. Da war Schimpfen, sonst nichts.

# Konsequenzen eines festen Ichs

Für eine sinnvolle Interaktion mit unserer Umwelt brauchen wir die Fähigkeit, zwischen uns und anderen unterscheiden zu können. Wir müssen zuordnen können, was uns gehört und was nicht, welche Verantwortlichkeiten wir zu erfüllen haben und welche nicht. Im Laufe unserer Entwicklung wird sich die Ich-Vorstellung, die wir von uns haben, weiter differenzieren und festigen. Die Konsequenzen hieraus unterscheiden sich je nachdem, welcher Natur dieses Ich-Bild ist. Halten wir uns für erfolgreiche, liebenswerte, vom Glück gesegnete Geschöpfe, so fühlt sich diese Identität gut an und ist ein kraftvoller Ausgangspunkt für unser tägliches Tun. Hat sich jedoch ein eher negatives Selbstbild durchgesetzt und wir halten uns für nicht erfolgreiche, nicht liebenswerte, vom Pech verfolgte Personen, so fühlt sich diese Identität unangenehm an, wir halten uns in der Erfüllung unserer Sehnsüchte eher zurück und gehen weniger Wagnisse ein.

Das Leben kann anders verlaufen als geplant.

## MEDITATION MIT BETRACHTUNG DES ICHS

Setzen Sie sich nieder und beginnen Sie die Meditation, wie gehabt, mit der Achtsamkeit Ihrer Atmung. Lassen Sie Ihren Körper und Geist zur Ruhe kommen, indem Sie sich entspannen und an nichts Bestimmtes denken. Lassen Sie alles hinter sich und kommen Sie einfach an im bloßen Sein in diesem Moment.

- Nach einer guten Weile des Ruhens können Sie sich die Frage stellen: »Wer bin ich?«
- Versuchen Sie, sich vorzustellen, dass Sie einer anderen Person beschreiben, wer Sie sind. Beginnen Sie bei Ihrem Körper. »Ich bin dieser Körper, dieses Bein etc.« Sie können Ihren ganzen Körper durchgehen. Spüren Sie bei jedem Körperteil in sich hinein, ob es Unterschiede gibt. Identifizieren Sie sich stärker mit Ihrem Arm als mit Ihrem Bein, stärker mit Ihrer Augenfarbe, Körpergröße als mit Ihren inneren Organen, Blutgefäßen, Muskelfasern?
- Setzen Sie die Übung fort und beschreiben Sie Ihre charakterlichen Qualitäten. Halten Sie sich für witzig oder eher ernst, gebildet oder ungebildet, freundlich oder missmutig?
- Fragen Sie sich anschließend, ob Sie irgendeine dieser Eigenschaften immer, in jeder Situation verkörpern oder ab und an?
- Wie können Sie dann behaupten, Sie wären diese Eigenschaft?
- Lassen Sie die Fragen und Antworten einfach auf sich wirken. Falls Sie feststellen, dass Beklemmung, Verwirrung oder Angst aufkommen, nehmen Sie diese wahr. Sie brauchen diese Fragen nicht gleich zu beantworten. Kehren Sie am Ende der Meditation zu Ihrem Atem zurück und ruhen Sie für eine Weile im Ein- und Ausatmen.

Buddha sprach von acht weltlichen Winden, die um alle Personen wehen. Es handelt sich um Erfolg und Misserfolg, Ehre und Unehre, Lob und Tadel, Glück und Unglück. Natürlich möchten wir alle Erfolg, Ehre, Lob und Glück erleben und wir dürfen uns darüber freuen, wenn dies geschieht. Doch wie viel haben diese Dinge mit uns zu tun? Nehmen wir allein eine Mahlzeit, die wir gekocht haben. Manche werden sie ehrlich loben, andere wiederum tadeln. Dem einen schmeckt sie, dem anderen ist sie zu scharf. Doch wir nehmen Lob und Tadel sowie die anderen weltlichen Winde persönlich. Unser Selbstwertgefühl bewegt sich auf und ab wie ein Jojo, je nachdem, was andere über uns denken. Von Buddha wurde hingegen gesagt: »Er wurde verleumdet, angegriffen, bedroht ... Doch sein Friede blieb unerschüttert. Und er wurde gepriesen, geehrt, verwöhnt ... Doch sein Gleichmut blieb ungebrochen.« Mit anderen Worten: Er nahm die acht weltlichen Winde nicht persönlich.

Diese innere Freiheit erschließt sich, wenn wir uns nicht länger für alles Geschehen einzig und allein verantwortlich fühlen.

# Das Leben – ein eng gewebter Teppich

Betrachten wir unser Leben. Wer und was hat dazu beigetragen, dass wir in unserer inneren und äußeren Entwicklung dort stehen, wo wir jetzt sind? Eine detaillierte Analyse enthüllt eine Fülle von Einflüssen: Geburtsort, Nationalität, Eltern und deren Verhalten uns gegenüber, die Schule mit ihren vielfältigen Einflüssen, eine Lehrerin, die uns für ein bestimmtes Schulfach begeistern konnte und damit ausschlaggebend für unsere Berufswahl war, die Lehre oder das Studium mitsamt den Personen, denen wir dort begegneten, die Wirtschaftslage am Ende unserer Ausbildung, Partner, in die wir uns verliebten und die sich wieder von uns trennten, gerade als wir unsere Abschlussprüfungen schrieben, Reisen, die uns veränderten, Menschen, die uns beeindruckten, Nachbarn, Bekannte, plötzlich auftauchende Gelegenheiten, von denen wir nie etwas ahnten, und so weiter.

Doch nicht nur äußere Bedingungen wirken auf uns ein. Wir sitzen nicht da und werden durch die Welt geschoben, wir agieren und reagieren. Wird eine Chance wahrgenommen, ein Wohnungswechsel vorgenommen, eine Bewerbung abgeschickt oder nicht? Doch inwieweit eine

Chance ergriffen wird oder eine Bewerbung aussichtsreich erscheint, hängt wiederum von vielen Bedingungen ab, etwa davon, wie es uns gerade geht, ob uns andere ermutigen oder davon abraten, sodass selbst diese inneren Entscheidungen nicht von uns allein abhängen.

Beim Bewusstwerden der zahlreichen und weitreichenden äußeren Einflüsse taucht letztendlich die Frage auf, inwieweit wir tatsächlich vom eigenen Erfolg oder Misserfolg sprechen können.

## Besitzen wir überhaupt eine Entscheidungsfreiheit?

Die Meinungen hierzu klaffen auch unter Experten auseinander. Ohne ein Minimum an Entscheidungsfreiheit gäbe es jedoch keine Verantwortung, die wir übernehmen können, keine innere Entwicklung und Freiheit und es würde unserem persönlichen Empfinden, was es heißt, Mensch zu sein, zutiefst widersprechen.

# MEDITATION ÜBER DIE VERFLOCHTENHEIT DES LEBENS

In der folgenden Meditation wollen wir uns den zahllosen Einflüssen, die auf uns im Laufe unserer Entwicklung eingewirkt haben, nachgehen.
Setzen Sie sich wieder zur Meditation nieder, kommen Sie mithilfe des Atems ein wenig zur Ruhe und verweilen Sie im einfachen Hiersein.

Nach einer Weile können Sie beginnen, Ihr Leben an sich vorbeiziehen zu lassen. Welche Schritte, Entscheidungen, Abschnitte können Sie unterscheiden? Wo wuchsen Sie auf? Wie haben Sie sich dabei gefühlt? Welche Wendepunkte gab es in Ihrem Leben? Welche äußeren Faktoren haben sich auf Ihre jeweiligen Entscheidungen ausgewirkt? Welche inneren Faktoren können Sie im Nachhinein entdecken?

◉ Versuchen Sie, etwaigen Schuldzuweisungen auszuweichen. Betrachten Sie auch Ihre Erfolgserlebnisse. Verdanken Sie diese allein Ihren Fähigkeiten oder können Sie noch andere Einflüsse entdecken, Menschen, die Sie gefördert haben, ein günstiger Zeitpunkt?

## Die Verbundenheit entdecken

Die Frage, die sich aus all den Betrachtungen ergibt, ist: Bin ich eine autonome, gleichbleibende Persönlichkeit oder entstehen die unterschiedlichen Eindrücke, wer ich bin, durch einen wechselseitigen Prozess zwischen mir und der Außenwelt, die unterschiedliche Qualitäten, Fähigkeiten und Gefühle in mir wachrufen kann?

In Victor Hugos Buch »Les Misérables« verfolgt der Polizist Javert den ehemaligen Sträfling Jean Valjean, der nach seiner Entlassung untergetaucht ist. Für Javert handelt es sich bei dem Sträfling um einen äußerst gefährlichen Mann, da in seiner Vorstellung jemand, der einmal kriminell war, immer ein Krimineller bleiben wird. Valjean ist nach seiner Entlassung tatsächlich erfüllt von Hass. Als Ex-Sträfling findet er keine Arbeit, wird mit Steinen beworfen und rettet sich schließlich in einen Kircheingang. Dort wird er vom Pfarrer aufgespürt, der ihn zu Tisch bittet. Unterschlupf und Speise dankt ihm Valjean, indem er ihn all seines Silbers beraubt, doch die draußen wartenden Polizisten stellen ihn und wollen ihn verhaften. Der Pfarrer jedoch behauptet, Valjean all sein Silber geschenkt zu haben, und überreicht ihm vor den Augen der Polizisten noch seine letzten silbernen Kerzenleuchter. Valjean ist frei, von der Großzügigkeit und dem Mitgefühl des Pfarrers jedoch tief in seinem Welt- und Selbstbild verunsichert. Er ergreift die Gelegenheit und ändert sich tiefgreifend. Er baut sich eine legale Existenz auf, hilft Bedürftigen und wird Bürgermeister einer Stadt. Doch schließlich taucht Javert wieder auf und entlarvt dessen Identität. In den folgenden Begegnungen wird Valjeans Wandlung immer wieder auf die Probe gestellt. Erwidert er Javerts Verfolgungseifer mit Gewalt oder nicht. Schließlich rettet er Javerts Leben, wodurch Javert in seinen grundlegenden Ansichten über das Leben derart verunsichert wird, dass er sich selbst in den Tod stürzt.

## Einengende Selbstkonzepte

Wir identifizieren uns mit unserem Körper, unserem Besitz, unseren Gefühlen und Gedanken. Zwar verfügen wir über eine bestimmte Gestalt, Auffassungsgabe und ein bestimmtes Temperament, die, solange uns kein schwerwiegender Unfall oder ernsthafte Krankheit widerfährt, uns als eine bestimmte Person kennzeichnen. Wir sind als Individuen einzigartig, unterscheidbar und nicht austauschbar. Doch bei einer genauen Betrachtung stellt sich heraus, dass wir uns nicht auf diese reduzieren lassen. Zum einen befindet sich alles in fortwährender Veränderung, taucht auf und verschwindet wieder, und unterliegt zudem vielfältigen Einflüssen von außen, wodurch es sich unserer Kontrolle entzieht. Das bedeutet, dass wir immer mehr sind, als wir in einem bestimmten Moment erscheinen. Statt uns auf bestimmte Aspekte unserer äußeren

oder inneren Befindlichkeit festzulegen und damit uns in unserer weiteren Entwicklung und unseren Möglichkeiten einzuengen, können wir den Prozess der Identifizierung als das sehen, was es ist: ein nützlicher Prozess, der ein sinnvolles Agieren in einer komplexen Welt unterschiedlicher Individuen und Anforderungen ermöglicht.

Der Schein trügt. Statt uns festzulegen, können wir uns immer wieder von einer Identifikation lösen.

*Wir können uns jederzeit für neue Möglichkeiten öffnen.*

Ich brauche mich nicht mit dem gesellschaftlichen Bild der fünfzigjährigen Frau zu identifizieren und andererseits nicht so zu tun, als ob ich zwanzig wäre. Manche Möglichkeiten lassen sich mit zunehmendem Alter ausschließen, anderen mögen wir uns unnötigerweise durch unsere Vorstellungen, wer wir sind, verschließen. Gleiches gilt natürlich für unsere Bilder, die wir über andere haben. Statt andere aufgrund äußerer Erscheinungen oder kurzer Begegnungen festzulegen, können wir ihnen offen begegnen. Jemand, der sich konservativ kleidet, kann revolutionäre Ideen hegen und umgekehrt. Eine solche Offenheit für ungeahnte Potenziale ermöglicht echte Begegnungen und authentische Beziehungen.

## Innere Freiheit erleben

Die Frage des Seins oder Nicht-Seins beschäftigt seit jeher die Philosophen. Auf der Erfahrungsebene lässt sich ein Sein nicht bestreiten. Eine tiefere Betrachtung enthüllt allerdings Gesetzmäßigkeiten und Strukturen, die infrage stellen, ob noch sinnvoll von einem Ich, einem Selbst gesprochen werden kann. Statt mit jeder Identifizierung innerlich einzufrieren und uns mehr oder minder mühsam aus dieser Identität wieder zu

lösen, wäre es nicht sinnvoller, das Identifizieren einfach zu lassen?

So abstrus diese Vorstellung klingen mag, genau das führt zu tiefer innerer Freiheit, Liebe und Mitgefühl. Ohne Unterdrücken von Gefühlen, Impulsen und Gedanken, ohne zu vergessen, dass wir Verantwortung für unser Handeln haben und Einfluss nehmen können, ohne uns unwichtig zu fühlen, brauchen wir uns dennoch mit nichts zu identifizieren und damit zu fixieren. Statt uns immer wieder auf einen Ausschnitt, einen Moment zu reduzieren, können wir dadurch jederzeit die Verbindung mit dem Universum und ungeahnten Möglichkeiten erleben.

# MEDITATION: GRENZEN AUFLÖSEN

In dieser Meditation möchte ich Sie einladen, Ihre Grenzen ein wenig fallen zu lassen. Falls Sie eine psychotische Vergangenheit oder ehemals starke Drogen genommen haben, so ist hier besondere Vorsicht geboten. In diesem Fall besteht die Gefahr, dass Sie sich in dieser Grenzauflösung verlieren und u. U. ein erneuter psychotischer Schub ausgelöst wird. Menschen mit einer normalen Psyche hingegen finden schnell in ihre gewohnte dualistische Wahrnehmung zurück.

- Setzen Sie sich bequem und aufrecht auf Ihren Meditationsplatz nieder, entspannen Sie sich und nehmen Sie Kontakt auf mit Ihrem Atem. Bleiben Sie beim Atem, bis Sie größere Ruhe, Ausgeglichenheit und Klarheit verspüren. Dann wenden Sie Ihr Gewahrsein dem Hören zu. Lassen Sie alle Geräusche zu. Alle Geschichten und Bezeichnungen, die über die Geräusche entstehen, wie Rasenmähern, Amsel, Knacken, lassen Sie immer wieder fallen und wenden sich nur den Tönen selbst zu. Haben Sie eine Vorstellung, wo das Geräusch auftritt, draußen vor dem Fenster, hinter Ihnen oder dort drüben? Lassen Sie jegliche Vorstellung davon fallen, wo Sie es hören, und überprüfen Sie dann, wie Sie den Ton erfahren: Entsteht er in Ihnen oder außerhalb von Ihnen? Können Sie in Ihrer direkten Erfahrung eine Unterscheidung zwischen Innen und Außen treffen?

- Wenden Sie sich nach einer Weile Ihrem Körper zu. Spüren Sie dorthin, wo Sie einen Kontakt mit etwas Äußerem verspüren, Ihr Gesäß auf dem Kissen, Bänkchen oder Stuhl, Ihre Füße oder Knie auf dem Boden, ja, Ihre Haut, die die Luft berührt. Spüren Sie in den Kontakt hinein und fragen Sie sich, ob Sie in Ihrer Erfahrung exakt die Trennlinie zwischen Innen und Außen ziehen können.

- Falls im Laufe der Betrachtungen Ihr begrenztes Körpergefühl wegfällt, die Unterscheidung zwischen Innen und Außen in sich zusammenbricht und ein weiter offener Raum entsteht, in dem Erfahrung stattfindet, dann lassen Sie sich ganz auf diese Erfahrung ein. Wo ist in diesem Moment das getrennte Ich? Wo ist das Andere, dort draußen oder in Ihnen drin? Spüren Sie, wie alles gleichzeitig von Ihnen getrennt und zutiefst intim mit Ihnen verbunden ist.

- Am Ende der Meditation, wenn Sie die Augen öffnen, werden Sie sich bewusst, wie Ihre Wahrnehmung von Ich und andere, von innen und außen zurückkehrt. Und doch gibt es die andere Seite der Wahrheit, dass alles untrennbar mit Ihnen verbunden ist und mitbestimmt, wie Sie sich gerade erfahren. Lassen Sie diese Erkenntnis ein wenig in sich wirken.

## Impuls

*»Ich bin im anderen,*
*das andere ist in mir.«*

## Während des Tages

Ein Ich-Gefühl ist nicht immer gleich stark. Bemerken Sie die Momente, in denen es deutlich in Erscheinung tritt, wie zum Beispiel, wenn Ihnen etwas hinunterfällt und alle anwesenden Personen in Ihre Richtung schauen, oder wenn Ihnen etwas besonders gut gelingt und Sie gelobt werden. In solchen Momenten halten Sie kurz inne und versuchen Sie, das Ich-Gefühl genauer wahrzunehmen, unabhängig davon, womit Sie sich gerade identifizieren. Versuchen Sie später noch einmal hinzuspüren, ob das gleiche Ich-Gefühl noch genauso stark vorhanden ist. Bemerken Sie etwaige Unterschiede.

Wenn Sie sich im Laufe des Tages an den Impuls erinnern, spüren Sie in sich hinein. Wie fühlt es sich gerade an, Ich zu sein? Welche Art von Identität nehmen Sie gerade wahr? Finden Sie sich gerade gut oder schlecht, eng oder weit? Sehen Sie sich als zu dick oder zu dünn, als langsam oder schnell? Sind Sie gerade Bittsteller, Vorgesetzter, Untergebener, Hausfrau, Freundin oder Unbekannte?

Fragen Sie sich, ob Ihr Ich-Gefühl etwas mit Ihrer Umgebung zu tun hat, wie andere gekleidet sind, an welchem Ort Sie sich befinden, in einem Amt, Krankenhaus oder einer Kneipe? Was ruft ein Blumenstrauß, eine bestimmte Musik oder ein Gespräch für ein Ich-Gefühl in Ihnen hervor?

Bemerken Sie, inwiefern sich Ihre Identifikation im Laufe eines Tages, einer Woche oder mit den Jahren ändert. Wie viele Identitäten erleben Sie und fragen Sie sich schmunzelnd, welches dieser Ichs Sie nun wirklich sind?

Mit der Zeit wird offensichtlich, wie wir im Kontakt mit einer Erfahrung gewissermaßen neu geboren werden. Selbst ein Ort tiefer Stille, an dem wir uns allein befinden, löst ein Ich-Gefühl in uns aus. Das, was wir sind, lässt sich nicht von unserer Umgebung trennen. Sosehr wir uns verschließen, Kontakt findet statt. Da sich all diese Ich-Gefühle jedoch ständig ändern, können wir sowohl unsere Angst vor unangenehmen Ich-Gefühlen loslassen als auch die Angst, wir könnten aufhören zu existieren. Wir sind immer da, entstehen und vergehen und werden im nächsten Moment neu geboren. Wir brauchen uns nicht auf ein bestimmtes Ich festlegen, sondern können uns für die Weite des Seins öffnen und die Verbundenheit spüren, der wir nicht entrinnen können.

## Für das Retreat zu Hause

Versuchen Sie, während der Meditation sowie in Ihren sonstigen Aktivitäten die Ich-Fixierung als Erfahrung zu bemerken. Wann immer Sie sich mit etwas identifizieren, mit Ihrer Meditation, Ihrem Körper, Ihren Gefühlen oder Gedanken, entsteht ein »Ich bin«, »Das ist mein«. Untersuchen Sie, was geschehen ist. Fragen Sie sich, was aus diesem »Ich«, »Mein« wird, wenn die Erfahrung verfliegt. Sobald ein Staunen in Ihnen einsetzt, schauen Sie mit diesem Staunen auf das kontinuierliche Entfalten und Erlöschen von all dem, was Sie mit »Ich« bezeichnen.

Manchmal verbirgt sich die Ich-Erfahrung in der Achtsamkeit selbst. Wir meinen, derjenige zu sein, der wahrnimmt. Wenn Sie dies bemerken, dann lenken Sie Ihre Achtsamkeit auf diese Identifikation mit der Achtsamkeit.

Jede Fixierung, auch eine positive, schränkt ein, wer wir sind. Wo immer Sie eine Ich-Fixierung entdecken, lenken Sie Ihre interessierte, freundliche Achtsamkeit dorthin. Bleibt sie fest bestehen, nehmen Sie es hin. Am Ende werden Sie entdecken, dass Sie kein festes Ich-Bild brauchen, um in der Welt zu sein. Verbunden mit dem Herzen, mit dem Körper, den Gefühlen und Gedanken, mit einem klaren Verständnis vom Leben und seinen Kreisläufen, von den Ursachen von Glück und Unglück, besitzen Sie alle notwendigen Informationen und Kräfte, um entscheiden zu können, welchen Impulsen Sie folgen wollen. Sie begegnen dem Leben ruhend in Weisheit, Liebe und Gelassenheit.

# Danke

All mein Wissen verdanke ich meinen Lehrern, die mich jahrzehntelang auf meinem Weg begleitet haben, insbesondere Fred von Allmen, Stephen Batchelor und Joseph Goldstein, und ohne Ajahn Pannavaddho hätte ich mich im thailändischen Kloster mehr als verloren gefühlt. Zutiefst dankbar bin ich all den Personen, die an meinen Seminaren teilnehmen und ihre Erfahrungen mit mir teilen und dadurch meinen Erfahrungsschatz erweitern. Surya Das danke ich für das Zitat von Nyoshul Khenpo Rinpoche. Eva Lavric las in tiefer Nacht meine Manuskripte, Stephan Madle, Annabelle Zinser und Claudia Misch halfen mit vielen wertvollen Anmerkungen. Christiane Weidemann feilte gewissenhaft an meinem Stil. Mark May prüfte verschiedene Passagen auf Sinn und Verstand und Sabine Jaenicke vom nymphenburger Verlag ließ nicht locker, bis ich zu diesem Unterfangen einwilligte. Ohne sie alle wäre dieses Buch nie entstanden. Und ich danke Ihnen als Leser, dass Sie sich diesem doch auch anspruchsvollen Leitfaden anvertraut haben.

# Literaturhinweise

Als sinnvolle Ergänzung könnten Ihnen folgende Bücher dienen:

Aldinger, Marco: »Bewusstseinserheiterung.« Freiburg 1992. Wenn Sie mal schallend lachen wollen. Auf humorvolle Art werden uns die Weisheiten und Fallen aller großen Religionen nahegebracht.

Baraz, James; Alexander, Soshana: »Freude.« München 2011. Was braucht es, um Freude in unserem Leben zu erfahren? Der Autor zeichnet zehn Schritte auf, die wir mit ihm gehen können.

Batchelor, Stephen: »Buddhismus für Ungläubige.« Frankfurt am Main 1998. Batchelor entwirft ein modernes Bild der buddhistischen Lehre frei von östlichen Konzepten wie Karma und Wiedergeburt.

Batchelor, Stephen: »Mit dem Bösen leben.« Berlin 2011. Das Böse oder der Teufel steht für die Kraft, die Leiden schafft, in uns oder in der Gesellschaft. Ein anspruchsvolles Buch, das sich mit der Vorstellung des Teufels im Buddhismus und in der Philosophie des Abendlandes sowie dessen Bedeutung für unser Leben auseinandersetzt.

Brach, Tara: »Mit dem Herzen eines Buddha. Heilende Wege zur Selbstakzeptanz und Lebensfreude.« München 2013. Das Buch dreht sich insbesondere um die Überwindung von Gefühlen der Unzulänglichkeit.

Goldstein, Joseph: »Vipassana-Meditation. Die Praxis der Freiheit.« Freiamt 1999. In vielen kurzen Kapiteln werden die Vipassana-Praxis, unsere Entwicklung darin und mögliche Fragen abgehandelt.

Kornfield, Jack: »Frag den Buddha und geh den Weg des Herzens.« München 2009. Ein ausführliches Buch über die Vipassana-Praxis mit vielen Vorschlägen für die Meditation.

Kornfield, Jack; Breitner, Paul: »Ein stiller Waldteich.« Bielefeld 2012. In kleinen Episoden überliefern die Autoren die mündlichen Belehrungen ihres thailändischen Meditationslehrers Ajahn Chah.

Salzberg, Sharon: »Metta-Meditation. Buddhas revolutionärer Weg zum Glück.« Freiamt 2003. Eine ausführliche Beschreibung der Metta-Meditation.

*Thich Nhat Hanh: »Kein Werden, kein Vergehen.«* München 2008. Buddhistische Gedankengänge, die helfen können, Verlust und Trauer in einem neuen Zusammenhang zu verstehen.

*Williams, Mark u. a.: »Der achtsame Weg durch die Depression.«* Freiamt 2009. Die Autoren stellen als Psychiater ihre Erfahrungen mit der Achtsamkeitspraxis bei depressiven Erkrankungen vor.

## Vorträge über die buddhistische Praxis

finden Sie unter folgenden Links im Internet:

*www.dharmaseed.org*
Hier entdecken Sie eine Fülle von Vorträgen, darunter auch einige von mir.

*www.karuna.ch*
Hier können Sie die Vorträge von den Lehren im Meditationszentrum Beatenberg bestellen.

## Meditationszentren im deutschsprachigen Raum,

wo Sie Vipassana-Meditationskurse in einem vergleichbaren Stil finden können, sortiert nach PLZ und Land:

*Haus der Stille*
21514 Roseburg, Deutschland,
www.hausderstille.org

*Waldhaus am Laacher See,*
56645 Nickenich, Deutschland,
www.buddhismus-im-westen.de

*Seminarhaus Engl*
84339 Unterdietfurt, Deutschland,
www.seminarhaus-engl.de

*Buddha-Haus*
87466 Oy-Mittelberg, Deutschland,
www.buddha-haus.de

*Buddhistisches Zentrum Scheibbs*
3270 Scheibbs/Neustift, Österreich,
www.bzs.at

*Meditationszentrum Beatenberg*
3803 Waldegg, Schweiz,
www.karuna.ch

# Die Autorin

Renate Seifarth, in Frankenthal in der Pfalz geboren, studierte zunächst Biologie in Konstanz, Freiburg und Göttingen. Nach ihrem Diplomabschluss reiste sie nach Nepal zu einer Trekkingtour durch den Himalaya. Dort kam sie in Kontakt mit dem Buddhismus und besuchte in Bodhgaya, Indien, ihr erstes Vipassana-Retreat. Im Anschluss ging sie nach England, studierte unter der Anleitung von Stephen Batchelor die buddhistische Philosophie und nahm an zahlreichen Retreats im Gaia House und in der Insight Meditation Society teil. Mitte der Neunzigerjahre ging sie für zweieinhalb Jahre nach Asien, um dort in den Klöstern von Ajahn Maha Boowa, Sayadaw U Pandita und Sayadaw U Janaka zu meditieren. Nach zehn Jahren Studium und Retreat kehrte sie 1999 nach Deutschland zurück und begann, autorisiert von Fred von Allmen, die Meditation und buddhistische

Lehre weiterzugeben. Sie hat mehrere Bücher übersetzt, Beiträge und Interviews veröffentlicht und verfasst zurzeit regelmäßig Meditationsanleitungen für »Buddhismus aktuell«.

Falls Sie einmal Zeit für ein Retreat mit Renate Seifarth haben, finden Sie alle Infos unter *www.renateseifarth.de*

152 S., ISBN 978-3-485-01377-2

**Schönheit aus der Natur:** Mit minimalem Aufwand gelingt es, naturbelassene Kosmetik aus Zutaten wie Honig, Tomaten oder Quark selbst zuzubereiten. Mit 200 Rezepten, die für schönen Teint, glänzende Haare und strahlende Augen sorgen.

144 S., ISBN 978-3-485-02810-3

**Effektives 10-Tage-Programm,** das Detox-Maßnahmen mit Yoga und dem Wissen aus dem Ayurveda kombiniert. Schritt für Schritt werden die Grundlagen erklärt, Yogaübungssequenzen beschrieben und Rezepte, Massagen und reinigende Rituale vorgestellt.

128 S., ISBN 978-3-485-01343-7

**Gesunde Füße, gesunder Körper:** Thomas Rogall zeigt, wie wir unser Gehen durch gezielte Übungen verändern und bei jedem Schritt ein neues Körperbewusstsein erlangen. Sein Ansatz verbindet Spiraldynamik® mit Traditioneller Chinesischer Medizin.

160 S., ISBN 978-3-485-01333-8

**Sanfte Hilfe aus der Natur:** Aus natürlichen Zutaten, die in jedem Haushalt zu finden sind, lassen sich Aufguss, Wickel, Tee oder Salbe herstellen. Die häufigsten Alltagsbeschwerden werden von A bis Z erklärt und einfach anwendbare Rezepte empfohlen.

224 S., ISBN 978-3-485-01390-1

**Selbsttherapie für gesundheitsbewusste Frauen:** Die russische Volksmedizin hält bewährte Heilmittel gegen typische »Frauenbeschwerden« bereit. Babuschkas Naturapotheke wird durch Ernährungsempfehlungen und Tipps für die Schönheitspflege ergänzt.

128 S., ISBN 978-3-485-02804-2

**Gärtnern als spirituelle Praxis:** Vor dem Hintergrund buddhistischer Ideen lädt dieses Buch dazu ein, die Gartenarbeit als Achtsamkeitsübung zu verstehen und so zu einem bewussten Umgang mit der Natur, allen Lebewesen und sich selbst zu gelangen.